Hector

BERLIOZ

LA DAMNATION DE FAUST

Op. 24 / H. 111

(Malherbe)

Vocal Score

Klavierauzug

SERENISSIMA MUSIC, INC.

LA

Damnation de Faust

(Op. 24)

PERSONNAGES

MARGUERITE.... *Mezzo-Soprano.*	MÉPHISTOPHÉLÈS. *Baryton ou Basse* (Rôle écrit avec des variantes pour les deux voix).
FAUST .... *Ténor.*	BRANDER....... *Basse.*

TABLE

PREMIÈRE PARTIE

DEUXIÈME PARTIE

Note Biographique

1803. Dimanche 11 décembre, à cinq heures du soir. — Naissance à la Côte Saint-André (Isère) de Louis-Hector Berlioz, fils de Louis-Joseph Berlioz, officier de santé, et de Marie-Antoinette-Joséphine Marmion.

— Premières notions littéraires et musicales données par son père.

1818-21. — Premières études musicales sous la direction paternelle.

1821-25. Arrivée à Paris. Premières leçons musicales de Le Sueur, et essais de composition en partie détruits depuis ou utilisés ailleurs. Premier échec à l'épreuve préparatoire pour le concours de l'Institut.

1825. 10 juillet. — Première exécution en public d'une œuvre avec orchestre : *Messe solennelle*, à l'église Saint-Roch, sous la direction de Valentino.

1826. 26 août. — Inscription comme élève sur les registres du Conservatoire. — Il donne des leçons de flûte, de guitare, de solfège, et s'engage comme choriste au Théâtre des Nouveautés.

1827. Juillet. — Deuxième échec au concours de l'Institut, où il est admis, mais n'obtient aucune récompense avec la cantate : *Orphée déchiré par les Bacchantes.*

— 6 septembre. — Première représentation donnée à l'Odéon par la troupe anglaise dont faisait partie miss Henriette Smithson, future femme de Berlioz.

— 22 novembre. — Pour la première fois, il fait acte de chef d'orchestre, en dirigeant sa *Messe solonnelle*, corrigée et remaniée, à l'église Saint-Eustache, le jour de la sainte Cécile.

1828. 26 mai. — Première exécution des ouvrages suivants : Ouvertures de *Waverley* (op. 1 *bis*) et des *Francs Juges* (op. 3), la *Révolution grecque*, *Marche religieuse des Mages*, dans un concert au Conservatoire, sous la direction de Bloc, chef d'orchestre du Théâtre des Nouveautés.

— Juillet. — Troisième concours de l'Institut où il obtient le premier second grand prix avec la cantate : *Herminie.*

1829. Mars. — Publication des *Huit scènes de Faust* (op. 1), traduites de Gœthe, par Gérard de Nerval, remaniées plus tard et utilisées dans la *Damnation de Faust.*

— Juillet. — Quatrième concours de l'Institut et troisième échec avec la cantate : *la Mort de Cléopâtre.*

— 10 mars. — Publication de son premier article de critique musicale : *Considérations sur la Musique religieuse*, dans le journal *le Correspondant.*

1830. Février. — Publication des *Neuf mélodies irlandaises* (op. 2 *bis*) et du *Ballet des Ombres*, ronde nocturne pour chœur et piano (op. 2).

— Juillet. — Cinquième concours de l'Institut, où il obtient le grand prix avec la cantate : *Sardanapale.*

— 30 octobre. — Exécution à l'Institut de la cantate couronnée, sous la direction de Grasset, ancien chef d'orchestre du Théâtre Italien.

— 7 novembre. — Première exécution de *la Tempête*, fantaisie dramatique pour chœur, orchestre et piano, donnée à l'Opéra dans une représentation au bénéfice de la caisse des Pensions de retraite, sous la direction de Girard.

— 5 décembre. — Première exécution dans un concert au Conservatoire, et sous la direction de Habeneck, de la *Symphonie fantastique* (op. 14), commencée en juin 1829.

1831. (février) à 1832 (mars). — Séjour à la Villa Médicis et voyages en Italie.

1832. 9 décembre. — Première exécution de *Lélio*, joint à la *Symphonie fantastique* avec le titre général d'*Episode de la Vie d'un Artiste*, dans un concert au Conservatoire, sous la direction de Habeneck.

1833. 14 avril. — Première exécution de l'ouverture de *Rob-Roy*, à la Société des Concerts du Conservatoire, sous la direction de Habeneck.

— 3 octobre. — Mariage avec miss Henriette Smithson.

1834. Fondation de la *Gazette musicale* à laquelle Berlioz collabore dès l'origine.

— Août. — Naissance de son fils Louis.

— 6 novembre. — Première exécution de deux grands chœurs pour voix d'hommes et orchestre : *Sarah la Baigneuse* (op. 11) et *la Belle Voyageuse*, avec l'ouverture du *Roi Lear* (op. 4), dans un concert au Conservatoire, sous la direction de Girard.

— 23 novembre. — Concert au Conservatoire où sont entendus pour la première fois : *la Captive* (op. 12) et le *Jeune Pâtre breton*, chantés par Mlle Falcon, un trio avec orchestre et chœurs (premier état de la scène I de l'opéra sur chantier *Benvenuto Cellini)* et *Harold en Italie* (op. 16), sous la direction de Girard.

1835. 25 janvier. — Il entre à poste fixe comme critique musical au *Journal des Débats*, où il remplace Castil-Blaze.

— 22 novembre. — Première exécution d'un chant sur la mort de Napoléon, pour voix de basse avec chœur, *le Cinq mai*, paroles de Béranger (op. 6), dans un concert sous la direction de Girard.

1836. Exécution de l'ouverture des *Francs Juges*, à Leipzig, sous la direction de Schumann, premier succès d'un ouvrage de Berlioz à l'étranger.

1837. 5 décembre. — Première exécution de la *Grande Messe des Morts* (Requiem) (op. 5), aux Invalides, sous la direction de Habeneck, lors d'un service funèbre pour la mémoire du général Danrémont, tué au siège de Constantine.

1838. 10 septembre. — Première représentation à l'Académie royale de musique, de *Benvenuto Cellini*, opéra en deux actes, de Léon de Wailly et Auguste Barbier, composé de 1835 à avril 1837 (op. 23). Joué *sept* fois. Directeur : Duponchel ; chef d'orchestre : Habeneck.

— 16 décembre. — Concert donné sous sa direction au Conservatoire, séance mémorable qui lui valut les hommages de Paganini venant s'incliner devant lui, et lui faisant remettre le surlendemain un chèque de vingt mille francs. Nomination comme sous-bibliothécaire du Conservatoire dont le bibliothécaire en chef était Bottée de Toulmon.

1839. 11 mai. — Berlioz est fait chevalier de la Légion d'honneur.

— 24 novembre. — Première exécution de *Roméo et Juliette* (op. 17), dans un concert au Conservatoire sous sa direction.

1840. 28 juillet. — Première exécution de la *Symphonie funèbre et triomphale* (op. 15), d'abord en plein air, puis les 6 et 14 août aux Concerts Vivienne, sous sa direction.

1841. Juin. — Publication de six mélodies avec piano sur des poésies de Théophile Gautier, *les Nuits d'été* (op. 7), composées dès 1834.

— 7 juin. — Première représentation, à l'Opéra, du *Freyschütz*, pour lequel il avait écrit des récitatifs et instrumenté l'*Invitation à la Valse*.

1842. 1er février. — Première exécution, par Alard et sous sa direction, aux Concerts Vivienne, d'un morceau : *Rêverie et Caprice* pour violon et orchestre (op. 8), composé en 1839.

— Septembre. — Premier voyage à Bruxelles, pour y donner des concerts.

— Novembre à fin mai 1843. — Premier voyage en Allemagne (Mayence, Francfort, Stuttgart, Carlsruhe, Mannheim, Weimar, Leipzig, Dresde, Brunswick, Hambourg, Berlin, Hanovre, Darmstadt). Concerts dans chacune de ces villes.

1843. Arrangements pour quadruple chœur (seize parties) de plains-chants de l'Église grecque, travail commandé par l'Empereur de Russie.

1844. 3 février. — Première exécution à la salle Herz, et sous sa direction, de l'*Ouverture du Carnaval romain* (op. 9) et d'*Hélène*, pièce tirée des neuf mélodies irlandaises et nouvellement instrumentée.

1844. Publication du *Traité d'instrumentation* (op. 10) et de son premier livre : *Voyage musical en Allemagne et en Italie*, qu'il a refondu dans ses ouvrages postérieurs.

— 1er août. — Première exécution, au Festival de l'Industrie (Champs-Élysées), et sous sa direction, de l'*Hymne à la France*, composé sur des paroles d'Auguste Barbier, et publié comme no 1 de *Vox populi* (op. 20).

1845. 6 avril. — Première exécution, au Cirque Olympique des Champs-Élysées, et sous sa direction, d'une *Marche marocaine*, de Léopold de Meyer, qu'il avait instrumentée.

— Juin. — Tournée musicale à Marseille et Lyon.

— Août. — Voyage en Allemagne, à Bonn, lors des fêtes organisées par Liszt pour l'inauguration de la statue de Beethoven.

— Novembre. — Arrivée à Vienne. Voyage musical en Autriche, Bohême et Hongrie.

1846. Janvier. — Première exécution dans un concert, à Pesth, et sous sa direction, de la *Marche hongroise*, composée récemment à Vienne.

— Avril. — Retour à Paris, par Prague, Breslau et Brunswick, avec concerts dans chacune de ces villes.

— 14 juin. — Première exécution, à Lille, et sous sa direction, du *Chant des Chemins de fer*, chœur avec solo de ténor, improvisé sur des paroles de Jules Janin, pour l'inauguration de la voie ferrée à Lille, et publié plus tard dans les *Feuillets d'album* (op. 19).

— 6 décembre. — Première exécution, à l'Opéra-Comique, et sous sa direction, de la *Damnation de Faust* (op. 24), commencée en Allemagne et terminée à Paris, au cours de la même année.

1847. 14 février. — Départ pour son premier voyage en Russie. Concerts à Saint-Pétersbourg, Riga, Berlin, et retour à Paris en juin.

— Novembre. — Premier voyage à Londres pour cause de concerts et retour à Paris le 16 juillet 1848.

1848. Composition à Londres (4 juillet) de la *Mort d'Ophélie*, et à Paris (22 septembre) de la *Marche funèbre pour la dernière scène d'Hamlet*, nos 2 et 3 de *Tristia* (op. 18).

— 26 juillet. — Mort de son père.

1849. 15 avril. — La Société des Concerts du Conservatoire inscrit, pour la première fois, à ses programmes des fragments de la *Damnation de Faust*.

1850. 12 novembre. — Première exécution, et sous sa direction, du *Chœur des Bergers*, point de départ de l'oratorio l'*Enfance du Christ*, à la salle Sainte-Cécile (Concert de la Société Philharmonique), morceau attribué à Pierre Ducré, dont il avait pris le nom pour dissimuler sa personnalité et mystifier ses auditeurs.

— Publication de deux recueils de mélodies, l'un de cinq : *Fleurs des landes* (op. 13) ; l'autre de six : *Feuillets d'album* (op. 19).

— Berlioz succède à Bottée de Toulmon comme bibliothécaire du Conservatoire.

1851. 25 mars. — Première exécution, à la salle Sainte-Cécile (Concert de la Société Philharmonique), d'un double chœur avec orchestre, la *Marche des Francs*, devenu plus tard la *Menace des Francs*, et publié comme no 2 de *Vox populi* (op. 20).

1852. 20 mai. — Représentation de *Benvenuto Cellini*, à Weimar, par les soins et sous la direction de Liszt.

— Mai à juin. — Deuxième séjour à Londres pour cause de concerts qu'il y dirige.

— Octobre. — Publication des *Soirées de l'Orchestre*, et départ pour Weimar, où il ne reste que quelques jours.

1853. Mars. — Troisième séjour à Londres, où il dirige des concerts.

— Août à décembre. — Nouveau voyage en Allemagne, seconde grande tournée musicale par Bade, Francfort, Brunswick, Hanovre, Brême et Leipzig, où le 16 décembre est donnée pour la première fois la *Fuite en Egypte*.

1854. 3 mars. — Mort à Paris, de sa femme, miss Henriette Smithson.

1854. 26 mars à mai. — Troisième grand voyage en Allemagne, avec séjour à Hanovre et à Dresde.

— Octobre. — Second mariage avec Mlle Marie Marin-Recio.

— Échec à l'Institut, où Clapisson est nommé contre lui.

— 10 décembre. — Première exécution complète de l'*Enfance du Christ* (op. 25), à la salle Herz, et sous sa direction.

1855. Février. — Séjour à Gotha et Weimar.

— Mars. — Séjour à Bruxelles.

— 1er avril. — Première exécution de l'ouverture du *Corsaire* (op. 21), au concert de la Société Sainte-Cécile.

— 30 avril. — Première audition, à Saint-Eustache, du *Te Deum* pour trois chœurs, orchestre et orgue (op. 22), commencé dès 1849.

— Juin à juillet. — Nouveau séjour à Londres pour y donner des concerts.

— 15 novembre. — Première exécution de l'*Impériale* (op. 26), cantate à deux chœurs et orchestre, au Palais de l'Industrie, et sous sa direction, lors de la distribution des récompenses pour l'Exposition universelle.

1856. Février. — Nouveau séjour à Gotha et Weimar.

— 21 juin. — Élection à l'Institut, en remplacement d'Adolphe Adam, par 19 voix sur 37 votants. Au mois d'août, chaque année, de 1856 à 1864, voyage à Bade, où ses œuvres sont exécutées.

1859. Janvier. — Publication de son livre : *Les Grotesques de la Musique.*

— 18 novembre. — Reprise de l'*Orphée* de Gluck au Théâtre-Lyrique, avec une révision du texte musical faite par ses soins.

1860. 9 février. — Lettre à Wagner, publiée dans le *Journal des Débats*, au sujet de la « musique de l'avenir ».

— Juin. — Première exécution d'un double chœur avec orgue, en deux langues (anglais et français), le *Temple universel*, chanté dans un festival international au Palais de Cristal à Londres.

1861. 21 octobre. — Reprise, à l'Opéra, de l'*Alceste* de Gluck, reprise préparée par ses soins et avec sa collaboration artistique.

1862. 14 juin. — Mort à Saint-Germain de sa seconde femme, née Marin-Recio.

— 6 août. — Première représentation, au Théâtre de Bade, de *Béatrice et Bénédict*, opéra-comique en deux actes, imité par lui de Shakespeare et composé de 1860 à 1862. Joué *deux* fois, et sous la direction de l'auteur.

1863. Court déplacement à Weimar et à Lœwenberg (Silésie), chez le prince de Hohenzollern-Hechingen.

1864. 4 novembre. — Première représentation, au Théâtre-Lyrique, des *Troyens à Carthage*, opéra en cinq actes et prologue, dont il avait écrit paroles et musique, de 1856 à 1863. Joué *vingt-et-une fois*. Carvalho, directeur; Deloffre, chef d'orchestre.

— En cette même année, il est promu officier de la Légion d'honneur, et il cesse d'écrire au *Journal des Débats*, où il est remplacé par d'Ortigue.

1865. Achèvement de ses *Mémoires*, qui ne devaient paraître qu'un an après sa mort.

1866. Avril. — Nomination comme conservateur du Musée instrumental du Conservatoire, en remplacement de Clapisson.

— Décembre. — Voyage à Vienne pour assister notamment à une audition intégrale de la *Damnation de Faust.*

1867. Février. — Voyage à Cologne.

— Juillet. — Mort à La Havane de son fils Louis, âgé de trente-trois ans.

— 12 novembre. — Départ pour le second voyage en Russie, où il était appelé par la grande-duchesse Hélène, afin de donner six concerts à Pétersbourg et un à Moscou. Retour à Paris en février 1868.

1868. Mars. — Congestion cérébrale, dont les attaques se manifestent deux fois, à Monaco et à Nice.

1869. Lundi 8 mars. — Mort de Berlioz, à midi et demi, dans son appartement de la rue de Calais.

— 11 mars. — Obsèques à la Trinité et inhumation au cimetière Montmartre.

Note Historique

L'HISTOIRE de la *Damnation de Faust* est assez connue de tous pour qu'il suffise ici d'en retracer les principaux traits.

C'est en 1828, l'année même où parut la traduction de Gérard de Nerval, que Berlioz conçut tout d'abord le projet de donner un commentaire musical au poème de Gœthe. Il avait alors vingt-cinq ans et comptait encore parmi les élèves du Conservatoire. Ce premier essai aboutit en mars 1829 à la publication d'une partition intitulée : *Huit scènes de Faust* et comprenant, en effet, huit épisodes musicaux qui, plus tard, ont pris place dans la version définitive.

Sous cette forme primitive, l'œuvre ne plut pas longtemps à son auteur qui rêvait d'en agrandir le cadre. Le prix de Rome obtenu en 1830, le séjour obligatoire en Italie, la crise passionnelle qu'il a qualifiée dans ses Mémoires de « distraction violente », la composition d'importants ouvrages comme la *Symphonie fantastique*, *Lelio*, *Roméo et Juliette*, *Harold*, détournèrent ses pensées, et c'est plus de quinze ans après, en 1845-46, au cours d'un voyage à travers l'Autriche, la Hongrie, la Bohême et la Silésie, qu'il revint à la légende de *Faust* et put enfin mener son entreprise jusqu'au bout.

Sur ce point, le texte de ses Mémoires vaut d'être cité :

« Je dus, raconte Berlioz, me résoudre à écrire moi-même presque tout le livret ; les fragments de la traduction française du *Faust* de Gœthe, par Gérard de Nerval, que j'avais déjà mis en musique vingt ans auparavant et que je comptais faire entrer, en les retouchant, dans une nouvelle partition, et deux ou trois autres scènes écrites sur mes indications par M. Gandonnière, avant mon départ de Paris, ne formaient pas dans leur ensemble la sixième partie de l'œuvre. J'essayai donc, tout en roulant dans une vieille chaise de poste allemande, de faire les vers destinés à ma musique. Je débutai par l'invocation de Faust à la nature, ne cherchant ni à traduire ni même à imiter le chef-d'œuvre, mais à m'en inspirer seulement et à en extraire la substance musicale qui y est contenue. Et je fis ce morceau qui me donna l'espoir de parvenir à écrire le reste : *Nature immense, impénétrable et fière!* — Une fois lancé, je fis les vers qui me manquaient au fur et à mesure que me venaient les idées musicales, et je composai ma partition avec une facilité que j'ai bien rarement éprouvée pour mes autres ouvrages. Je l'écrivais quand je pouvais et où je pouvais : en voiture, en chemin de fer, sur les bateaux à vapeur, et même dans les villes, malgré les soins auxquels m'obligeaient les concerts que j'avais à y donner. Ainsi dans une auberge de Passau, sur les frontières de la Bavière, j'ai écrit l'introduction : *Le vieil hiver a fait place au printemps.* — A Vienne, j'ai fait la scène des bords de l'Elbe, l'air de Méphistophélès : *Voici des roses* et le ballet des Sylphes. J'ai dit à quelle occasion et comment je fis en une nuit, à Vienne également, la marche sur un thème hongrois, de Rakoczy. L'effet extraordinaire qu'elle produisit à Pesth m'engagea à l'introduire dans ma partition de *Faust*, en prenant la liberté de placer mon héros en Hongrie au début de l'action et en le faisant assister au passage d'une armée hongroise à travers la plaine où il promène ses rêveries. — A Pesth, à la lueur du bec de gaz d'une boutique, un soir que je m'étais égaré dans la ville, j'ai écrit le refrain en chœur de la Ronde des Paysans. — A Prague, je me levai au milieu de la nuit pour écrire un chant que je tremblais d'oublier, le chœur d'anges de l'apothéose de Marguerite : *Remonte au ciel, âme naïve que l'amour égara.* — A Breslau, j'ai fait les paroles et la musique de la chanson latine des étudiants : *Jam nox stellata velamina pandit.* — De retour en France, étant allé passer quelques jours près de Rouen, à la campagne de M. le baron de Montville, j'y composai le grand trio : *Ange adoré dont la céleste image...* — Le reste a été écrit à Paris, mais toujours à l'improviste : chez moi, au café, au jardin des Tuileries et jusque sur une borne du boulevard du Temple. Je ne cherchais pas les idées, je les laissais venir, et elles se présentaient dans l'ordre le plus imprévu. Quand, enfin, l'esquisse entière de la partition fut tracée, je me mis à retravailler le tout, à en polir les diverses parties, à les unir, à les fondre ensemble avec tout l'acharnement et toute la patience dont je suis capable, et à terminer l'instrumentation qui n'était qu'indiquée. »

Achevé en septembre 1846, l'ouvrage fut exécutée le 6 décembre de la même année, en matinée, au théâtre de l'Opéra-Comique, sous la direction de Berlioz — et à ses frais, bien entendu — avec les interprètes suivants : Roger *(Faust)*, Hermann-Léon *(Méphistophélès)*, Henri *(Brander)*, Madame Duflot-Maillard *(Marguerite)*. Une seconde audition eut lieu le 20 décembre sans plus de succès que la première. Il y avait aussi peu de monde à la salle Favart, écrivait Berlioz, « que si l'on y eût donné le plus mesquin des opéras de son répertoire ». L'accueil de la presse et du public fut plus que réservé. On ne comprenait pas et l'on se désintéressait d'une œuvre où l'on ne voulait rien voir précisément de ce que l'auteur y avait mis. Aussi ajoutait-il, avec une tristesse non dissimulée : « Rien dans ma carrière d'artiste ne m'a plus profondément blessé que cette indifférence inattendue ». Chez la plupart des critiques, l'indifférence s'était même transformée en véritable hostilité. Les feuilletons de ceux qui menaient alors l'opinion abondent en jugements où l'ignorance le dispute à la partialité. C'est dans la *Revue des Deux Mondes* que Scudo déclarait gravement : « Si, d'un côté, M. Berlioz ne trouve presque toujours, au lieu d'idées, que des chants inintelligibles, de l'autre, il ne s'est pas donné la peine d'étudier suffisamment les procédés de l'art d'écrire.... Non seulement M. Berlioz ignore l'art d'écrire pour la voix humaine, mais son orchestration même n'est qu'un amas de curiosités sonores, sans corps et sans développement. »

En dépit des attaques de la première heure, l'œuvre a fait son chemin ; elle a pris d'abord la route de l'exil, et les succès de l'étranger l'ont ramenée, comme tant d'autres, au point de départ, à Paris, où elle a trouvé son triomphe définitif. Peut-être ne lira-t-on pas sans intérêt la liste de ses principales étapes :

1847. — Pétersbourg, Moscou, Riga, Berlin, sous la direction de Berlioz.

1848. — Londres, sous la direction de Berlioz (les deux premières parties).

1849. — Paris, au Conservatoire (Marche hongroise, chœur et ballet des Sylphes).

1850. — Paris, salle Sainte-Cécile (les deux premières parties).

1852. — Londres, sous la direction de Berlioz ; Weimar, sous la direction de Liszt (les deux premières parties).

1853. — Leipzig, Bade, Francfort, Brunswick, Hanovre, sous la direction de Berlioz (presque toujours les deux premières parties).

1854. — Dresde, sous la direction de Berlioz, et 1856, Weimar.

1861. — Paris, au Conservatoire (cinq morceaux formant la fin de la deuxième partie).

1864, 1866 et 1868. — Vienne (tantôt fragmentairement, tantôt intégralement).

En 1869, Berlioz meurt sans avoir eu la joie suprême d'assister dans sa patrie à une reprise complète de l'œuvre dont il disait : « Je regarde cet ouvrage comme l'un des meilleurs que j'aie produits. » Mais, en cette même année 1869, pour honorer la mémoire du maître disparu, Litolff profite d'un concert qu'il donne à l'Opéra pour y diriger le ballet des *Sylphes* et le menuet des *Follets*. Ces deux morceaux, joints à la *Marche hongroise*, sont exécutés en 1870 au Conservatoire et au Cirque d'hiver.

La guerre interrompt pour un temps la vie musicale de notre pays, mais, dès 1872, la *Damnation* reparaît sous forme de fragments chez Pasdeloup et au Conservatoire, en 1873, 1874 et 1875 au Concert national de l'Odéon, puis au Châtelet et au Cirque d'hiver. En 1876, le Conservatoire inscrivait sur son programme les deux premières parties.

En 1877, enfin, l'œuvre retrouvait son intégrité primitive et le 18 février, plus de trente ans après sa première apparition, la *Damnation de Faust* était applaudie simultanément au Cirque d'hiver et au Châtelet. Bientôt, elle fut admise aux Concerts Lamoureux (14 fois) et, plus tard, à ceux de l'Opéra. Mais dès cette époque, le chef-d'œuvre de Berlioz avait droit de cité partout, et il ne se passe plus d'année sans qu'il devienne l'objet d'une ou de plusieurs auditions, soit à Paris, soit en Province ou à l'étranger.

Ajoutons que la *centième* audition aux Concerts Colonne a eu lieu solennellement le 11 décembre 1898, jour anniversaire de la naissance du maître, lorsque l'Association artistique fêtait le vingt-cinquième anniversaire de sa fondation.

Aujourd'hui, non seulement l'œuvre ne rencontre plus de détracteurs, mais elle a conquis tous les suffrages ; elle n'est plus l'objet de l'admiration de quelques-uns, d'une école ou d'un groupe, elle est devenue populaire. C'est que Berlioz a mis là une part, et non la moindre, de son génie. Dans ce cadre qui plaisait à son romantisme inquiet et fiévreux, il a jeté les mélodies les plus diverses, tantôt douces et pénétrantes, tantôt larges et fortes, musique expressive et pittoresque, habilement contrastée, riche de sève intense et de couleur personnelle, musique d'un maître qui a marqué sa place dans l'histoire musicale du XIXe siècle. En effet, il a enrichi le domaine symphonique, ou plutôt instrumental, d'une note qui lui appartient bien en propre. Il a trouvé des associations de timbres, des groupements sonores dont Wagner lui-même devait plus tard profiter. Il écrivait la *Symphonie fantastique* et les *Huit scènes de Faust*, en 1828, c'est-à-dire à une époque où le futur auteur de *Tannhaûser*, âgé alors de quinze ans, ne s'occupait guère de composition. Berlioz fut donc un précurseur ; il est et demeure un poète et un peintre musical. Or, si l'on songe que, par droit de naissance, il appartient à la France, c'est avec une fierté toute patriotique qu'on peut honorer sa mémoire et saluer son nom glorieux.

Note Bibliographique

C'EST seulement en 1854, c'est-à-dire huit années après la première audition à Paris, que parut chez Richault la première édition de la *Damnation de Faust*. Le succès de l'ouvrage à l'étranger pourrait bien avoir été la cause plus ou moins indirecte de cette publication, en somme assez tardive, et qui justement, chose très rare pour l'époque, comportait à côté du texte original une traduction allemande, signée Minslaff. Bien plus, le volume était précédé d'une sorte d'avis ou avant-propos en allemand et en français. L'auteur n'avait pas signé ; mais il était facile de reconnaître le tour d'esprit et la forme littéraire de Berlioz. A ce titre doit trouver place ici, dans son intégrité primitive, cette curieuse et intéressante préface.

Le titre seul de cet ouvrage indique qu'il n'est pas basé sur l'idée principale du *Faust* de Gœthe, puisque, dans l'illustre poème, Faust *est sauvé*. L'auteur de *la Damnation de Faust* a seulement emprunté à Gœthe un certain nombre de scènes qui pouvaient entrer dans le plan qu'il s'était tracé, scènes dont la séduction sur son esprit était irrésistible. Mais fût-il resté fidèle à la pensée de Gœthe, il n'en eût pas moins encouru le reproche, que plusieurs personnes lui ont déjà adressé (quelques-unes avec amertume) d'avoir *mutilé un monument*.

En effet, on sait qu'il est absolument impraticable de mettre en musique un poème de quelque étendue, qui ne fut pas écrit pour être chanté, sans lui faire subir une foule de modifications. Et de tous les poèmes dramatiques existants, *Faust*, sans aucun doute, est le plus impossible à chanter intégralement d'un bout à l'autre. Or si, tout en conservant la donnée du *Faust* de Gœthe, il faut, pour en faire le sujet d'une composition musicale, modifier le chef-d'œuvre de cent façons diverses, le crime de lèse-majesté du génie est tout aussi évident dans ce cas que dans l'autre et mérite une égale réprobation.

Il s'ensuit alors qu'il devrait être interdit aux musiciens de choisir pour thèmes de leurs compositions des poèmes illustres. Nous serions ainsi privés de l'opéra de *Don Juan*, de Mozart, pour le livret duquel Da Ponte a modifié le *Don Juan* de Molière ; nous ne possèderions pas non plus son *Mariage de Figaro*, pour lequel le texte de la comédie de Beaumarchais n'a certes pas été respecté ; ni celui du *Barbier de Séville*, de Rossini, par la même raison ; ni l'*Alceste* de Gluck, qui n'est qu'une paraphrase informe de la tragédie d'Euripide ; ni son *Iphigénie en Aulide*, pour laquelle on a inutilement (et ceci est vraiment coupable) gâté des vers de Racine, qui pouvaient parfaitement entrer avec leur pure beauté dans les récitatifs ; on n'eût écrit aucun des nombreux opéras qui existent sur des drames de Shakespeare ; enfin, M. Spohr serait peut-être condamnable d'avoir produit une œuvre qui porte aussi le nom de *Faust*, où l'on trouve les personnages de Faust, de Méphistophélès, de Marguerite, une scène de sorcières, et qui pourtant ne ressemble point au poème de Gœthe.

Maintenant, aux observations de détail qui ont été faites sur le livret de la *Damnation de Faust*, il sera également facile de répondre.

Pourquoi l'auteur, dit-on, a-t-il fait aller son personnage en Hongrie ?

Parce qu'il avait envie de faire entendre un morceau de musique instrumentale dont le thème est hongrois. Il l'avoue sincèrement. Il l'eût mené partout ailleurs, s'il eût trouvé la moindre raison musicale de le faire. Gœthe, lui-même, dans le second *Faust*, n'a-t-il pas conduit son héros à Sparte, dans le palais de Ménélas ?

La légende du docteur Faust peut être traitée de toutes manières : elle est du domaine public ; elle avait été dramatisée avant Gœthe ; elle circulait depuis longtemps sous diverses formes dans le monde littéraire du nord de l'Europe, quand il s'en empara ; le *Faust* de Marlow jouissait même, en Angleterre, d'une sorte de célébrité, d'une gloire réelle que Gœthe a fait pâlir et disparaître.

Quant à ceux des vers allemands, chantés dans la *Damnation de Faust*, qui sont des vers de Gœthe altérés, ils doivent évidemment choquer les oreilles allemandes, comme les vers de Racine, altérés sans raison dans l'*Iphigénie*, de Gluck, choquent les oreilles françaises. Seulement, on ne doit pas oublier que la partition de cet ouvrage fut écrite sur un texte français, qui, dans certaines parties, est lui-même une traduction de l'allemand, et que, pour satisfaire ensuite au désir du compositeur de soumettre son œuvre au jugement du public le plus musical de l'Europe, il a fallu écrire en allemand *une traduction de la traduction.*

Peut-être ces observations paraîtront-elles puériles à d'excellents esprits qui voient tout de suite le fonds des choses et n'aiment pas qu'on s'évertue à leur prouver qu'on est incapable de vouloir mettre à sec la mer Caspienne ou faire sauter le mont Blanc. M. H. Berlioz n'a pas cru pouvoir s'en dispenser, néanmoins, tant il lui est pénible de se voir accuser d'infidélité à la religion de toute sa vie, et de manquer, même indirectement, de respect au génie.

Qui, le premier, réduisit pour piano et chant la *Damnation de Faust?* Nul ne le sait. On connaît le nom du traducteur ; on ignore celui de l'arrangeur. Nos recherches sur ce point n'ont pas abouti ; aucune trace ne s'en est retrouvée dans les archives mêmes de la maison Richault. On a parlé de Théodore Ritter, qui, en effet, s'est chargé de ce travail pour certaines partitions de Berlioz. L'attribution au maître lui-même est plus fantaisiste encore : Berlioz ne pratiquait pas l'art du piano, et la grossièreté de certaines fautes ne pouvait émaner de l'auteur.

L'hypothèse la plus vraisemblable est que Berlioz a dû recourir à la bonne volonté d'un ami complaisant ; mais son travail était malheureusement très inexact.

Lorsque la maison Richault passa aux mains de M. Costallat, celui-ci comprit la nécessité d'une autre édition et me fit l'honneur de m'en confier le soin. La tâche était délicate ; l'ayant assumée, je tiens du moins à indiquer les principes qui m'ont guidé et la part de nouveau que comporte une telle réfection.

Transcrire une partition de l'orchestre au piano, c'est substituer un langage à un autre, c'est modifier, transformer, traduire, en un mot ; et toute traduction, suivant le proverbe italien, ressemble plus ou moins à une trahison. La difficulté est d'autant plus grande qu'une langue diffère plus de l'autre. Or, la musique de Berlioz n'a rien de pianistique : de là peut-être une partie de sa puissance à l'orchestre. Il ne fallait donc point songer à faciliter *quand même et à tout prix* la transcription, souspeine de rendre incomplètement la pensée de l'auteur et, par conséquent, de le trahir. Certaines pages étaient déjà précédemment et sont demeurées presque injouables : telle la *Course à l'abîme*, dont seuls pourront jamais se tirer les virtuoses de profession. Mais l'on s'est appliqué à reproduire autant que possible la couleur de l'orchestre, c'est-à-dire donner au moins pour les yeux une idée exacte du groupement instrumental. Partout où la précédente réduction a pu être maintenue, nous l'avons respectée ; mais en maints endroits il a fallu adopter une version nouvelle, collationner le texte musical sur la grande partition, rectifier bien des détails, compléter bien des lacunes, et se rapprocher du modèle sans pour cela négliger les côtés pratiques de l'exécution.

Entre autres changements matériels, je signalerai la disparition du texte allemand, devenu inutile, depuis qu'on a publié séparément une édition allemande de la *Damnation de Faust*. On observera aussi que la partie chorale a été gravée en notes plus petites que la partie vocale des solistes et l'accompagnement. Cette différence de caractères facilite plutôt la lecture au piano ; elle a, d'ailleurs, permettant de graver sur la page un plus grand nombre de portées, l'avantage d'obliger à tourner moins souvent les feuillets.

Le texte littéraire a été, lui aussi, l'objet d'une révision minutieuse.

Enfin les indications scéniques mieux réparties et plus exactes, une table des matières plus explicitement détaillée, la gravure et l'impression plus soignées, tout a été mis en œuvre pour donner à la partition nouvelle un aspect plus élégant et une valeur plus réelle. C'est l'honneur et l'hommage que méritaient depuis longtemps un ouvrage consacré par le succès et un compositeur de génie.

CHARLES MALHERBE,
Archiviste-Adjoint de l'Opéra.

LA DAMNATION DE FAUST

Légende en quatre parties

PREMIÈRE PARTIE

Scène I

Plaines de Hongrie

INTRODUCTION

Faust, seul dans les champs, au lever du soleil.

Hector Berlioz

Piano reduction by Charles Malherbe

SERENISSIMA MUSIC, INC.

LudwigMasters Publications, Sole Selling Agent

Z256991

F.
Des cieux
la cou_pole
in _ fi_ni _ e
Lais - se pleu-
_voir mil_le feux é - cla _ tants.
Htb.
Fag.
poco f
mf
2
f
1rs Vons
C.B.
f Cors
4e Cor

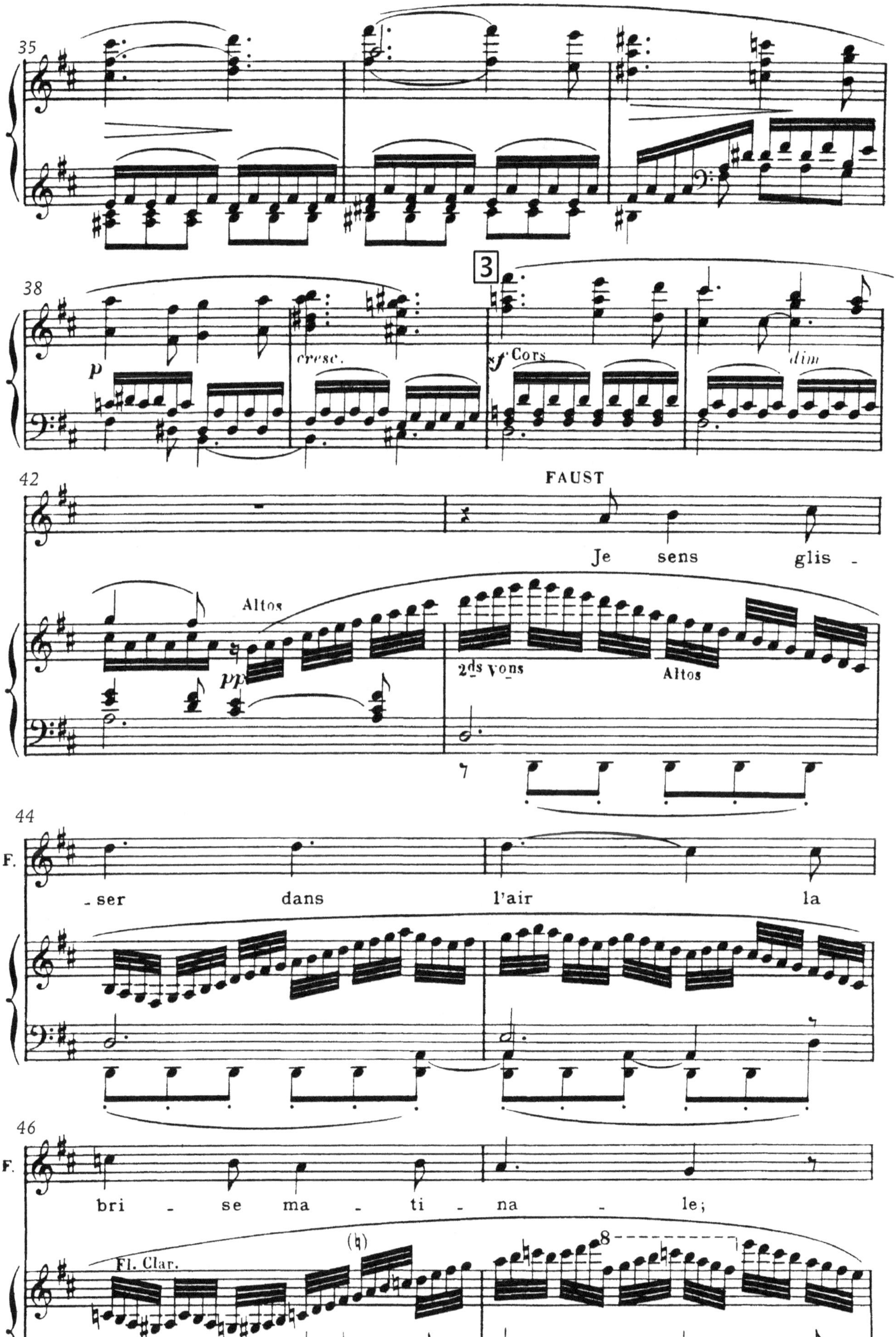

35

38 *p* *cresc.* **3** *sf* Cors *dim*

42 FAUST

Je sens glis -

Altos *pp* 2ds Vons Altos

44 F.

- ser dans l'air la

46 F.

bri - se ma - ti - na - le;

Fl. Clar. (♮) 8

48
F.
De
50
ma poi_trine ar _ dente un
Fl. Cl.
52
4
souf _ fle pur s'ex _ ha _ le. J'en_
Vons
sempre ppp
Fl. Clar.
Vlles
55
_tends autour de moi le ré _ veil des oi _ seaux, Le long bru_is_se_
Cordes
cresc.
p
f
pp

60
F.
_ment ______ des plan _ tes et des eaux.
pp
f Cor A. Clar.
5
63
f
Oh! qu'il est doux de vi - vre au fond des so_li_
Fl. Cor A.
sf
Quat.
sf
p
67
_tu - des, Loin de la lutte hu_mai - ne et
poco f Fl. Clar.
f
p
71
loin des mul_ti_tu - des!
pp
3e Cor
p

6
Fl.
pp
3e Cor
dim.
pp
Clar.
Pte Fl.
poco f
Fl. Cor A.
Clar.
Fag.
p
mf
Quat.
Pte Fl. Hautb.
Cors
p
mf
Des fragments de la RONDE DES PAYSANS et de la fanfare de la MARCHE HONGROISE
Pte Fl. Htb.
se distinguent au travers de la trame instrumentale. Ce sont de lointaines rumeurs agrestes et guerrières qui commencent à troubler le calme de la scène pastorale.

Pte Fl. Htb.
Cors
mf
p
Fl. Cor A. Clar.
Fag.
cresc.
f
7
ff
sf
8
Vons Altos
Fl. Clar.
pp
p Bses
Fag.
mf
Cors
p
Pte Fl. Htb.
mf

123
Fag.
mf
Htb.
poco f
Cors
127
3
Cors
Htb. Fag.
cresc.
131
cresc.
Trb.
9
135
ff
Trp.
139
Bois
f
Altos
Vlles
143
8
TUTTI
1rs Vons
ff
dim.
Altos
147
10
pp
pp Vlles

Scène II

RONDE DES PAYSANS

17
-sant, sau-tant com - me des fous, sau - tant com - me des
20
I. SOP.
sf
Ha! ha! ha! ha! ha! ha! ha! ha! ha!
II. SOP.
sf
fous. Ha! ha! ha! ha! ha! ha! ha! ha! ha! ha! ha!
20
sf
23
I. SOP.
f
Lan-de-ri-ra! Ha! ha! ha! ha!
II. SOP.
mf
f
Lan-de-ri-ra! Suivez donc la me - su - re! Ha! ha! ha! ha!
I. TEN.
mf
f
Unis
II. TEN.
Sui - vez donc la me - su - re! Ha! ha! ha! ha!
BASSES
f
Ha! ha! ha! ha!
23
Quat:
sf
sf

27
ha! ha! ha! ha! ha! Lan-de-ri-ra! Ha! ha! ha!
Harmie
Trp.
31
11
ha! ha! Lan-de-ri - ra! lan-de-ri - ra!
Unis
Fl. Htb.
35
Presto
mf
Tra la la la la
Ho! ho!
Presto ♩=152
Hie
sf
Altos Vlles
Fl. Clar.

la la la, tra la la la la la la la la la la la la
la la la, tra la la la la la la la la la la la la
la la la, tra la la la la la la la la la la la la
ho! ho! ho! ho! ho!
40
45
la la la, tra la la la la la la la, tra la la la la
la la la, tra la la la la la la la, tra la la la la
la la la, tra la la la la la la la, tra la la la la
ho! ho! ho! ho! ho!
45
50
la la la la. Ha! ha!
la la la la. Ha! ha!
la la la la. Ha! ha!
ho! ho! ho! ho! ho!
sf
p
50
Quat.

12 Andantino
FAUST
Quel's sont ces
12 Andantino
1rs Vons
pp
Altos Vlles
C.B.
cris? quel est ce bruit loin - tain?
F.
ENTRÉE DES CHOEURS
Presto
mf
Tra la la la la
Tra la la la la
Tra la la la la
Ho!
Presto
Bois
mf
Vlles
Altos

64
la la la, tra la la la la la la la la la la la la
la la la, tra la la la la la la la la la la la la
la la la, tra la la la la la la la la la la la la
ho! ho! ho! ho! ho!
64
69
la la la, tra la la la la la la la, tra la la la la
la la la, tra la la la la la la la, tra la la la la
la la la, tra la la la la la la la, tra la la la la
ho! ho! ho! ho! ho!
69
74
la la la la. Ha! ha!
la la la la. Ha! ha!
la la la la. Ha! ha!
ho! ho! ho! ho! ho!
sf
p
74
Cors
sf
p

13
Andantino
FAUST
Ce sont des vil_la_geois, au le_ver du ma_
Andantino
13
Vons
pp
Altos
Vlles
F.
_tin, Qui dan _ sent en chan_tant
F.
sur la ver_te pe_lou _ se. De leurs plai_sirs ma mi_

92
F.
Allegro
-sère est ja-lou - se.
Allegro
Hie
pp
f
sf
Trp.
Vlles
97
II. SOP.
Ils passaient tous comme l'é-clair, Et les ro - bes vo-laient en
mf
101
l'air; Mais bien - tôt, bien-tôt on fut moins a-
105
-gi - le: Le rouge leur mon-tait au front, leur montait au
109
front, Et l'un sur l'au - tre dans le rond, l'un sur
Pte Fl.
Vlles

112
I. SOP.
sf
Ha! ha! ha! ha! ha! ha! ha! ha! ha!
sf
l'au - tre dans le rond, Ha! ha! ha! ha! ha! ha! ha! ha! ha! ha! ha!
112
sf
sf
116
sf
Lande - ri - ra! Ha! ha! ha! ha!
sf
Lande - ri - ra! Tous tom - baient à la fi - le. Ha! ha! ha! ha!
II. TEN.
mf
sf
Unis
Tous tom - baient à la fi - le. Ha! ha! ha! ha!
BASSES.
sf
Ha! ha! ha! ha!
116
Quat.
sf
sf
120
ha! ha! ha! ha! ha! Lan - de - ri - ra! Ha! ha! ha!
ha! ha! ha! ha! ha! Lan - de - ri - ra! Ha! ha! ha!
ha! ha! ha! ha! ha! Lan - de - ri - ra! Ha! ha! ha!
ha! ha! ha! ha! ha! Lan - de - ri - ra! Ha! ha! ha!
120
Hie
Trp.

14

124

— ha! ha! ——— Lande-ri - ra! lande-ri - ra!

— ha! ha! ——— Lande-ri - ra! lande-ri - ra!

Unis

— ha! ha! ——— Lande-ri - ra! lande-ri - ra!

— ha! ha! ——— Lande-ri - ra! lande-ri - ra!

124

14 Fl. Htb.

Hle

129

Trp.

Vlles

134

TÉN.

sotto voce

Ne me tou-chez donc pas ain - si! — Paix! ma

Hle

138

femme n'est point i - ci! Pro - fi - tons, pro-fi-tons de la cir - cons.

143
mf
-tan - ce! » Dehors il l'em - me - na sou - dain, il l'em - me - na sou -
mf
147
-dain, Et tout pourtant al - lait son train, et
1. BASSES
Et tout pourtant al - lait son train, et
pte Fl.
Vlles
150
sf
Ha! ha! ha! ha! ha! ha! ha! ha! ha! ha!
sf
Ha! ha! ha! ha! ha! ha! ha! ha! ha! ha! ha!
sf
tout al - lait son train, Ha! ha! ha! ha! ha! ha! ha! ha! ha! ha! ha!
Unis sf
tout al - lait son train, Ha! ha!
150
sf
sf

Lande-ri-ra! Ha! ha! ha! ha! ha! ha! ha! ha! ha!
Lande-ri-ra! La musique et la dan-se. Ha! ha! ha! ha! ha! ha! ha! ha! ha!
Ha! ha! ha! ha! ha! ha! ha! ha! ha!
Quat.
Hie
Lande-ri-ra! Ha! ha! ha! ha! ha! Lande-ri-
Unis
Trp.
-ra! lande-ri-ra!
15
Fl. Htb.
Hie

169
Presto
Tra la la la la la la la tra la la la la la la la la
Tra la la la la la la la tra la la la la la la la la
Tra la la la la la la la tra la la la la la la la la
Ho! ho! ho! ho! ho!
169
Presto
Fl. Clar.
mf Vlles
174
la la la la la la la tra la la la la la la la tra
la la la la la la la tra la la la la la la la tra
la la la la la la la tra la la la la la la la tra
ho! ho! ho! ho! ho! ho!
174
180
la la la la la la la la. Ha! ha!
la la la la la la la la. Ha! ha!
la la la la la la la la. Ha! ha!
ho! ho! ho! ho! ho! ho!
180
Quat.

Scène III

Une autre partie de la plaine.

Une armée qui s'avance.

Récit
F.
-vec quel air fier et joyeux Ils portent leur ar - mu-re! Et quel feu dans leurs
suivez
yeux!
All° non troppo
mesuré
mf Trp.
Récit
Tout cœur frémit à leur chant de vic - toi - re;
Allegro ♩= 112
suivez
mesuré
Tambour
mf cresc
Récit
Le mien seul reste froid, in - sen - sible à la gloi - re.
ff

MARCHE HONGROISE

Fl. Clar.
Quat.
Cuiv.
Fag.
Cors
Quat.
Cuiv.
TUTTI
Hie
Quat.
Cors
Bse
1a
2a
TUTTI
TUTTI
Fl. Clar.
1rs vons
Hie
Cordes
1a

DÉFILÉ DES CAVALIERS
Bois Cordes
2a
Cuiv.
18
TUTTI sans Trp. et Bie
Hie
Quat
1a
2a
Cordes
Clar
Fag.
dim
Au grondement du canon arrive par les portes de la forteresse
Vons
Altos
Vlles

97
19
p
pp
Bes
p
Timb.
100
103
G.C.
106
1rs vons
mf
G.C.
109
cresc
Fag. Bes
111
Clar. 1rs vons
poco f
113
Htb.
cresc
1.2. Trb.

115
1ers Vons
Cors
f Trp.
118
20
TUTTI
ff
3e Trb.
Tuba
120
ff
Timb
Bie
123
Timb.
Bie
126
129
Bie

131
8
Bie
Bie
134
8
Bie
Bie
fff
21
137
TUTTI
141
145
Cuiv.
Bie
f
Cuiv.
Bie
Hie
Quat.
150
pons
Tamb.
Trb.

155
TUTTI
159
22
Cuiv.
2ds Vons
163
1rs Vons
Cuiv.
167
Bie
Bie
171
G.C.
G.C.
G.C.
Ped
Ped
Le rideau baisse sur les dernières mesures de la marche.
176
Cors
Cuiv.
Timb.

DEUXIÈME PARTIE

Scène IV

Nord de l'Allemagne

Faust seul dans son cabinet de travail

16
F.
Dans ma vieil_le ci_té je re viens a _ vec lui. Oh! je
24
18
F.
souf _ fre! je souf _ fre! et la nuit___ sans é_toi _ les, Qui
p Bois sans Fag.
20
F.
pp sotto voce
vient d'étendre au loin son si _ lence et ses voi _ les, A _ joute en_core à mes
Altos
p Vlles
Bois
23
F.
sombres douleurs.
Bois
p
pp 2ds Vons Altos
25
26
F.
2nds Vons Altos
1rs Vons
p
Fag.
Bse

F.
ter - re! pour moi seul tu n'as donc pas de fleurs!
p
Par le
Vons
pp
monde, où trouver ce qui manque à ma vi - e?
Récit
Je chercherais en
Quat
p
Largo
vain, tout fuit mon âpre en - vi - e!
Quat
p cresc.
Récit
Allons! il faut fi -
Bois
ff
All°
- nir!...
Bois Vons Altos
ff Quat
Lento
Mais je tremble.... pour -
p
p Altos
Bes

Z256991

F.
-quoi Trembler devant l'a-bîme entrouvert devant moi?... O
All°
Quat
p
cou - pe trop longtemps à mes dé-sirs ra - vi - e! Viens,
poco f > p
cresc.
viens, no-ble cris-tal! verse-moi le poi-son
Bois
Quat.
f
Qui doit il-lu-mi - ner ou tu - er ma rai-
ff
26
Il porte la coupe à ses lèvres
-son!
Hie
Trp.
sempre cresc.
Pons Trb.
Timb.

CHANT DE LA FÊTE DE PÂQUES

65
de gauche à droite. Il garde toujours machinalement la coupe entre ses mains comme s'il l'avait oubliée.
Au par - vis cé - les - te Il mon - te plus beau. Vers — les —
Au par - vis cé - les - te Il — mon - te plus beau. Vers — les —
Au parvis cé - les - te Il mon - te plus beau. Vers les
Au par - vis cé - les - te Il mon - te plus beau. Vers — les
Vlles
C.B.
Bois
Cors
70
A un moment donné, gagné par la piété, il veut joindre ses mains pour prier; il voit alors la coupe et se
cresc.
gloi - res im - mor - tel - les Tan - dis qu'il s'é - lan - ce à grands
gloi - res im - mor - tel - les Tan - dis qu'il s'é - lan - ce à grands
gloi - res im - mor - tel - les Tan - dis qu'il s'é - lan - ce à grands
gloi - res im - mor - tel - les Tan - dis qu'il s'é - lan - ce à grands
cresc.
3.4.Cors
souvient de ce qu'il voulait faire. Une lutte intérieure se peint sur son visage; sa main crispée tient la
75
f
p
pas, Ses dis - ci - ples fi - dè - les
pas, Ses dis - ci - ples fi - dè - les
pas, Ses dis - ci - ples fi - dè - les Lan - guissent i - ci -
pas, Ses dis - ci - ples fi - dè - les Lan - guissent i - ci -
Fag.
Cors
Bois
Altos

coupe et veut de nouveau l'approcher de ses lèvres.
Lan - guis_sent i - ci-bas.
Lan - guis_sent i - ci-bas. Hé -
-bas, Ses disci_ples fi - dè - les Lan _ guissent i - ci - bas.
-bas, Ses disci_ples fi - dè - les Lan _ guissent i - ci - bas.
Fag.
Altos
Hé - las! c'est i - ci qu'il nous lais_se,
-las! il nous lais - - se,
Hé - las! c'est i - ci qu'il nous lais_se,
Hé - las! c'est i - ci qu'il nous lais_se,
Fl. Cors
3.4. Cors
28
cresc.
Sous les traits brû - lants du mal - heur.
Sous les traits brû - lants du mal_heur.
Sous les traits brû - lants du mal_heur.
Sous les traits brû _ lants du mal_heur.
Cors
Fag.

90

Ô di - - vin Maî - - tre! ton bon-

Ô di - - vin Maî - - tre!

Ô di - vin Maî - - tre!

Ô di - - vin Maî - - tre!

Bois

90

92

-heur, ton bonheur

Ô di - - vin Maî - tre! ton bon-

Ô di - - vin Maî - tre! ton bon-

Ô di - - vin Maî - tre! ton bon-

92

1.Cor

94

Est cau - - se de no - tre tris-

-heur Est cau - - se de no - tre tris-

-heur Est cau - - se de no - tre tris-

-heur Est cau - - se de no - tre tris-

94

96

-tes - - se. Ô ___ di - - vin

-tes - - se. Ô ___ di - - vin

-tes - - se. Ô ___ di - - vin

-tes - - se. Ô di - vin

96

1.3. Cors

98

Maî - - tre! *cresc.* tu ___ nous ___

Maî - - tre! *cresc.* tu ___ nous ___

Maî - - tre! *cresc.* tu ___ nous

Maî - - tre! *cresc.* tu nous

98

cresc.

100

Faust porte la coupe a ses lèvres pour boire.....

lais - - ses Sous ___ les traits *f* brû -

lais - - ses Sous ___ les traits *f* brû -

lais - - ses Sous ___ les traits *f* brû -

lais - - ses Sous ___ les traits *f* brû -

100

sf

Il s'arrête.
29
FAUST
Ô
sou-ve-nirs!...
I. SOP.
Christ
II. SOP.
Christ
-lants du mal-heur.
-lants du mal-heur.
-lants du mal-heur.
-lants du mal-heur.
Hie
Timb.
Il jette violemment la coupe à terre et s'inclinant devant l'autel, il repasse à gauche en chantant.
vient de ressusci-ter!
vient de ressusci-ter!
Ho-san
Ho-san
Ho-san
Ho-san
vons
Timb.

108
F.
f
Ô mon â - me trem - blan - te! Sur l'ai_le de ces chants vas -
ppp
Quit - tant du tom
Quit - tant du tom -
- na Quit - tant du tom -
- na Quit - tant du tom -
- na Quit - tant du tom -
- na Quit - tant
108
Bois
p
pp
à partir de ce moment il se trouve à l'avant-scène, face au public comme illuminé et continue le chant jusqu'à la fin.
110
F.
- tu voler aux cieux?...
- beau Le sé - jour fu -
- beau Le sé - jour fu - -
- beau Le se - jour fu -
- beau Le sé - jour fu -
- beau Le sé - jour fu -
du tom - beau Le sé - jour fu -

112
F.
La foi chancelan _ te Revient, me ramenant la paix des
_nes _ _ te, Au par _ vis cé _
_nes _ _ te, Au par _
_nes _ _ te, Au par _ vis cé _
_nes _ _ te, Au par _ vis cé _
_nes _ _ te, Au par _ vis cé _
_nes _ _ te, Au par _ vis cé _
112
114
F.
jours pi_eux,
_les _ _ te Il mon _ _ te plus
_vis cé_les _ _ te Il mon _ _ te plus
_les _ _ te Il mon _ _ te plus
_les _ _ _ te Il mon _ _ te plus
_les _ _ te Il mon _ _ te plus
_les _ _ te Il mon _ _ te plus
114

116
F.
Mon heureuse enfance, La douceur de prier,
beau. Vers les
beau. Vers les
beau.
beau.
beau. Vers les
beau. Vers les
116
118
gloi - res im - mor -
gloi - res im - mor -
Vers les gloi - res
gloi - res im - mor -
gloi - res im - mor -
118

120
cresc.
-tel - - les Tan - dis qu'il s'é -
-tel - - les Tan - dis qu'il s'é -
Vers les gloi res il s'é -
im - - mor - - tel - - les Il s'é -
-tel - - les Tan - dis qu'il s'é -
-tel - - les Tan - dis qu'il s'é -
120
cresc.
122
f
-lan - - ce à grands pas,
-lan - - ce à grands pas,
-lan - - ce à grands pas,
-lan - - ce à grands pas,
-lan - - ce à grands pas,
-lan - - ce à grands pas,
122
f

30
FAUST
La pu-re jou-is-san - - ce D'er-
Ses dis-ci-ples
Ses dis-ci-ples
Ses dis-ci-ples
Ses
Ses dis-ci-ples
Ses dis-ci-ples
30
Bois
dim.
Cors Quat.
Ped Timb.
F.
-rer et de rêver Par les ver-tes prai-ri - es, Aux clar-
fi - dè - les Lan - guis - sent
fi - dè - les Lan - guis - sent
fi - dè - les Lan - guis - sent
i - ci - bas Lan - guis - sent, ses dis-
i - ci - bas Lan - guis - sent, ses dis-
dim.
Ped
Ped.

128
-tés in-fi-ni - es D'un so-leil de printemps!...
dim.
i - - ci-bas, Ses dis-ci - ples
i - - ci-bas, Ses dis-ci - ples
i - - ci-bas, Ses dis-ci - ples
dis - - ci - - - - -
-ci - ples i - ci - bas Lan - guis - sent,
-ci - ples i - ci - bas Lan - guis - sent,
Ped. Ped.
130
F.
fi - - dè - les Lan - - guis - sent
fi - - dè - les Lan - - guis - sent
fi - - dè - les Lan - - guis - sent
-ples Lan - - guis sent, lan -
ses dis - ci - ples fi - dè - les Lan -
ses dis - ci - ples fi - dè - les Lan -
Ped Ped

132

F. Ô baiser de l'amour céles -

i - ci - bas. Mais cro - yons

i - ci - bas. Mais cro - yons

i - ci - bas,

-guis - - - - sent i - ci -

-guis - sent, oui, lan - guis - sent i - ci -

-guis - sent, oui, lan - guis - sent i - ci -

132

Ped. ★

134 31 poco rall. rit.

F. -te Qui remplissais mon cœur de doux pressen-ti-ments, Et chassais tout dé -

en sa pa - ro - le é-ter - nel - le. Nous le suivrons un jour, Au cé - les - te sé -

en sa pa - ro - le é-ter - nel - le. Nous le suivrons un jour, Au cé - les - te sé -

pp lan - - guis - sent

-bas. pp lan - - guis - sent

-bas. pp lan - - guis - sent

-bas, pp lan - guis - sent

134 31 rit.

poco rall.

137
a tempo
F.
sir, tout dé_sir fu_nes
jour Où sa voix nous ap_pel
jour Où sa voix nous ap_pel
i - - - ci - bas.
i - - - ci - bas.
i - - - ci - bas.
i - - - ci - bas.
137
a tempo
139
L'Église disparait et on revoit dans un demi jour
la chambre de Faust, comme au lever du rideau.
F.
te!....
le. Ho_san_ - - na! Ho_
le. Ho_san_ - - na! Ho_
Ho_san_ - - na! Ho_
Ho_san_ - - na! Ho_
Ho_san_ - - na! Ho_
Ho_san_ - - na! Ho_
mf
139
Fl.
Htb.
Fl.
pp
2ds Vons
Clar.
Clar.
Z256991

142
pp
-san - - - - - - - - - - - na! Ho-
Htb.
Fl.
Cl.
2ds vons
Bse Pizz
144
FAUST
p
Hé-
-san - - - - - na! ___
Hie
Cordes
ppp
Quat.
Timb.

Récit presque mesuré

dolce assai

149

F.

-las! doux chants du ciel, pour-quoi dans sa pous-siè-re Ré-veil-

Poco più lento

Cordes

pp

152

F.

-ler le maudit? hym-nes de la pri-è- -re, Pour-

p

155

F.

-quoi... soudain... ve-nir é-branler mon des-sein? Vos su-

Fl. Cl.

Cordes

pp

158

F.

-a-ves ac-cords rafraî-chis-sent mon sein.

162

cresc.

poco rit.

F.

Chants plus doux que l'au-ro-re, Re-ten-tis-sez en-

pp

cresc.

Fag.

32
167
f
F.
_co _ re! Mes lar_mes ont cou _ lé, Le ciel m'a re_con_
Quat.
Hie Quat.
Quat.
Cl.
Cors
f
p
p
pp
Ped.
C.B.
Scène V
33
All° moderato
_quis.
MÉPHISTOPHELÈS
(apparaissant brusquement)
Récit
Ô pure é_moti _ on!
33
All° moderato
Fl.
Cordes
ff
fff
p
suivez
pons Trb.
Trb.
4
M.
En_fant du saint par _ vis!
Je t'ad_mi _ re, doc_
Trb.
7
M.
_teur!
Les pi_eu _ ses vo _ lé _ es De ces clo _ ches d'ar_
Trb.

34
M.
-gent Ont charmé grande-ment Tes o-reil-les trou-blé - es.
cresc.
sf p
Fag.
Trb
V^lles
C.B.
p cresc.
FAUST
Qui donc es-tu? toi, dont l'ardent regard Pénètre ain-si que l'éclat d'un poignard, Et
ff
f Quat. Pizz.
p
F.
qui, com-me la flam-me, Brûle et dé - vo-re l'â - me!
p
f
MÉPHIST.
Vrai-ment, pour un doc - teur, La de-mande est frivo - le!
V^ons
p
Altos
Allegro
M.
Allegro ♩= 100
Je suis l'esprit de vi - e, Et c'est moi qui con-
V^ons
ff
Quat.
f Cuiv.
Cuiv.

M.
_so_le, Je te don_ne_rai tout: le bonheur, le plai_
Quat.
f Cuiv.
Quat.
35
FAUST
Eh
_sir, Tout ce que peut rê _ ver le plus ar_dent dé _ sir.
p
pp long
F.
bien! pau_vre démon, fais-moi voir tes mer_veil_les!
Cer_tes! j'en_chan_te_
Quat.
mf Cuivres
_rai tes yeux et tes o _ reil _ les.
p Quat.
ff Quat Cuiv.

32
M.
Au lieu de t'en-fer - mer, tris-te com-me le ver Qui ron-ge tes bou-
Bois
p
34
M.
-quins, Viens! suis -
Vons Altos
f
Bses
35
FAUST
J'y con-sens.
M.
moi! change d'air! Par-tons donc
Cordes
p
cresc.
C.B.
36 Allegro
37
M.
pour connaître la vi - e, Et lais-se le fa-tras
Allegro ♩.=100
Bois
f
Quat. Pizz.

Méphistophélès et Faust disparaissent
M.
de ta phi_lo_so_phi - e!
Le théâtre s'obscurcit
Vons
complètement, tant la scène que la salle, pendant ces vingt mesures d'orchestre
pour le changement de décor et le jour reparaît brusquement sur le tableau
de la cave d'Auerbach à Leipzig.
Bois
f Quat.
Trb.
37
Cordes

Scène VI

La cave d'Auerbach à Leipzig

mesuré
M.
_ci vins et chan _ sons ré _ jou _ is _ sent la vi _
Quat.
mesuré
CHŒUR DE BUVEURS
Allegretto
(un peu moins vite que le précédent Chœur et lourdement)
M.
_ e
I. TEN.
Oh! qu'il fait bon, oh! qu'il fait
II. TÉN.
Oh! qu'il fait bon,
I. BASSES
Oh! qu'il fait bon,
II. BASSES
Oh! qu'il fait bon,
Hie Pons
Allegretto ♩ = 138
Quat.
Ophic.
Timb.
bon, quand le ciel ton _ _ ne,
quand le ciel ton _ _ ne,
qu'il fait bon, quand le ciel
qu'il fait bon, quand le ciel

26
Res - ter près d'un bol en_flam_mé,
Res - ter près d'un bol en_flam_me,
ton - ne, Res ter près d'un bol,
ton - ne, Res - ter près d'un bol,
26
mf
29
Faust regarde la table des joueurs et sous l'influence de Méphistophélès il commence à s'y
près d'un bol en_flammé,
res - ter près d'un bol en_flammé,
res - ter près d'un bol en_flammé,
29
Hie pons Ophic.
f
38
33
intéresser; mais bientôt une querelle survient et l'un des joueurs assène un grand coup de
Et se rem - plir, et se rem_plir comme u - ne
Et se rem - plir,
Et se rem plir,
Et se rem - plir,
33
38
Quat.
f

ton - - ne,
Dans
comme u - ne ton - - ne,
Dans
se rem - plir comme u - ne ton - ne,
se rem - plir comme u - ne ton - ne,
Clar. Fag.
Quat.
mf
poing sur la figure de son adversaire. Faust recule et va à une autre table; mais à la vue des
un ca - ba - ret en - fu - mé!
un ca - ba - ret en - fu - mé! un ca - ba - ret
Dans un ca - ba - ret, dans un ca - ba - ret
Dans un ca - ba - ret, dans un ca - ba - ret
buveurs qui ont l'air de l'inviter avec des gestes complètement ivres et abrutis et des faces
J'ai - me le vin
en - fu - mé! J'ai - me le vin
en - fu - mé! J'ai - me le
en - fu - mé! J'ai - me le
Bois
3.4. Cors
mf
f
f
Fag.

46
et cette eau blon - de
et cette eau blon - de
vin et cette eau blon - de Qui fait ou - bli -
vin et cette eau blon - de Qui fait ou - bli -
46
1rs Vons
Fag.
49
d'ivrognes, il s'éloigne au fond, écœuré. Méphistophélès le suit dépité.
Qui fait ou - bli - er le cha - grin. Quand ma
Qui fait ou - bli - er le cha - grin. Quand ma
- er le cha - grin, ou - bli - er le cha - grin.
- er, ou - bli - er le cha grin.
49
2ds Vons
Altos
Vons
Bois Cors
52
mè - re me mit au mon - de, J'eus un i - vro -
mè - re me mit au mon - de, J'eus
Quand ma mè - re me mit au mon - de,
Quand ma mè - re me mit au mon - de,
52
tr
mf
Bses

55
39
_ gne pour parrain, j'eus un i _ _ vro _ gne pour parrain.
un i_vro_gne pour par _ rain, pour par _ rain.
J'eus un i_vro _ _ _ _ _ gne pour par _ rain.
J'eus un i _ _ vro _ gne pour par_rain.
Quat.
55
39 TUTTI
ff
59
f
Oh! qu'il fait bon, oh! qu'il fait
Oh! qu'il fait bon,
Oh! qu'il fait bon,
Ohl qu'il fait bon,
59
Quat.
f
p
63
bon, quand le ciel ton _ ne,
Oui, oui, quand le ciel ton _ ne,
Oui, quand le ciel ton _ ne, quand le ciel
Oui, quand le ciel
63
Bois Cors

Res - ter près d'un bol en_flam_mé,
Res - ter près d'un bol en_flam_mé,
ton - ne, Res - ter près d'un bol,
ton - ne, Res - ter près d'un bol,
Fag.
2e Cor
près d'un bol en_flammé, Et se rem_plir comme u_ne
Et se rem_plir comme u_ne
res_ter près d'un bol en_flammé, Et se rem -
res_ter près d'un bol en_flammé, Et se rem -
Quat.
Fag. Cors
4e Cor
ton - - - ne, comme u_ne ton - - -
ton - - - ne, comme u_ne ton - - -
- plir comme u_ne ton - - - - ne, comme u_ne
- plir comme u_ne ton - - - ne, comme u_ne
Htb. Cl.

40
_ne, comme u_ne ton - - - - ne, Dans un ca_ba_
_ne, comme u_ne ton - - - ne, Oui,
ton - - - ne, comme u_ne ton - - ne,
ton - - - ne, comme u_ne ton - - ne,
40 Hié Quat.
Bie
_ret, en - - fu - - mé,
Dans un ca ba ret en - - fu - - mé,
Dans un bon ca_ba_ret, dans un ca_ba_
Dans un ca_ba_ret en - - fu - - mé, dans un ca_ba_
dans un ca_ba_ret en - - - - fu - -
dans un ca_ba_ret en - - - - fu - -
_ret, dans un ca_ba_ret en - - - - fu - -
_ret, dans un ca_ba_ret en - - - - fu -

86
-mé, dans un ca-ba-ret
-mé, dans un ca-ba-ret
-mé, dans un
-mé, dans un
86
Bie
Bie
89
en - - fu - mé! Oh! qu'il fait
en - - fu - mé! Oh! qu'il fait
bon ca - - ba - ret! Oh! qu'il fait
bon ca - - ba - ret! Oh! qu'il fait
89
Bie
Bie
92
bon! Qui
bon!
bon!
bon!
92
cresc.
Bie

41
Allegro
sait quel_que plai_sante his - toi - - re? En ri -
Allegro ♩= 126
p
Bois
Altos
-ant le vin est meil - leur.
II. TÉN.
A
Bois
Cordes Pizz
mf
C.B.
Il n'a plus de mé_moi - re!
toi, Brander!
I. BASSES
Il n'a plus de mé_moi - re!
Bois
f
Fl.
Fag.
BRANDER (ivre)
J'en sais u - ne, et j'en suis l'au -
mf
Htb.
p
Cl.

106
B.
-teur.
Eh bien donc!
vi - te!
Eh bien donc!
vi - te!
Eh bien donc!
vi - te!
II. BASSES
Eh bien donc!
vi - te!
106
Quat
Bois
Brauder se lève et s'avance en chancelant.
108
Récit.
B.
Puisqu'on m'invi - te, Je vais vous chanter du nouveau.
Bravo! bravo!
Bravo! bravo!
Bravo! bravo!
Bravo! bravo!
108
Cl.
suivez
Bois
Fag.
Quat.

CHANSON DE BRANDER
Brander doit chanter cette chanson debout, face au public l'œil hagard, complètement abruti, sans faire un geste.
BRANDER
Allegro ♩= 125
Fl
Htb.
ff Quat.
Fag.
Cordes
pp
Cer - tain rat, dans u - ne cui - sine, E - ta - bli
Fl.
Htb.
comme un vrai fra - ter, S'y trai - tait
Fl. Hautb.
si bien que sa mine Eût fait en - vie au gros Lu - ther.
Fl. Hautb.
42
Mais un beau jour le pau - vre
Quat.
Bois
Fl. Htb.
Fag

146
B.
diable, Empoisonné, sauta de-
152
B.
-hors, Aus-si triste,
aussi
Bois
f
pp
Quat.
Fag.
Cordes
6
6
158
B.
misérable Que s'il eût eu l'amour au
Bois
mf
165
B.
corps!
I. et II. TÉN.
f
Que s'il eût eu l'amour au corps!
I. et II. BASSES
f
Que s'il eût eu l'amour au corps!
165
Quat.
ff
Bois

173
B.
Il cou - - rait de - vant et der - rière; Il
Cordes
pp
f p
Fag.
Bois
179
B.
grat - - tait, re - ni - flait, mor - dait,
f p
Bois
185
B.
Par - - cou - - rait la mai - son en - tiè - re;
Bois
p f p
191
B.
La rage à ses maux a - jou - tait, Au
f Bois
ff
197
B.
point qu'à l'as - pect du dé - li - - re Qui
Bois
p
Fag.

203
B.
con - - su - - mait ses vains ef - forts, Les mau -
Fag.
209
-vais plai - - sants pou - -
IIe
Quat. f
pp Quat. Fag.
214
-vaient di - re: Ce rat a bien l'a - mour au corps!
Bois
mf
221
I. et II. TÉN.
Ce rat a bien l'a - mour au corps!
I. et II. BASSES
Ce rat a bien l'a - mour au corps!
Quat.
ff
Bois

228
B.
Dans le four - - neau le pau-vre si - re Crut pour -
Quat.
pp
Fag.
f p
Bois
235
B.
-tant se ca - cher très bien;
Mais il se
f p
Bois
p
242
B.
trom - pait, et le pi - re, C'est qu'on l'y fit rô -
Bois
f
p
f Bois
249
B.
-tir en - fin. La ser - van - - te, mé - chan - -
Quat.
Bois
ff
p Fag.
255
B.
-te fil - - le, De son mal - - heur rit

261
B.
bien a - lors. Ah! di - sait - el -
Hie
Quat.
f
pp Fag.
Quat
267
- le, comme il gril - le! Il a vrai - ment l'a -
Bois
mf
274
-mour au corps!
I. et II. TÉN
Il a vrai - ment l'a - mour au corps!
I. et II. BASSES
Il a vrai - ment l'a - mour au corps!
274
Quat.
ff
Bois
282
43 All° moderato
mf
II. BASSES
Re - qui - es - cat in pa - ce!
All° moderato
Cors
p

286
Récit. BRANDER
Pour l'A_ men u_ne fugue! u_ne fugue, un choral!
A_ _ men!
A_ _ men!
A_ _ men!
A_ _ men!
286
Bois
Altos
suivez
Quat.
290
B.
Im_pro_vi_sons un mor_ceau ma_gis_tral!
MÉPHIST. (à demi-voix)
E_cou_te bien ce_
290
Quat.
292
M.
_ci! nous allons voir, docteur, La besti_a_li_té dans tou_te sa can_deur.
Pizz.

FUGUE. Sur le Thème de la Chanson de Brander.

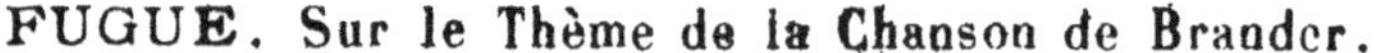

295
I TÉN.
II. TÉN.
A - men! a -
I. BASSES et BRANDER
A - men! a - - - - - - men, a -
II. BASSES
A -
295
All° non troppo ♩ = 96
Fag. Cors
Vlles
2e Ophic.
Altos
1r Ophicl
299
A - men! a - - - - - men,
- - - men, a - - - - - men, a - men,
- men, a - - - - men, a - - men, a -
- men! a - - - - - - - -
299
Htb. Cl. Pons
303
a - - - men, a - - - men, a - - - -
a - - - - - - - - - men!
- - - - - - - - - - men, a - - -
- men, a - - - - - - men, a - - - -
303

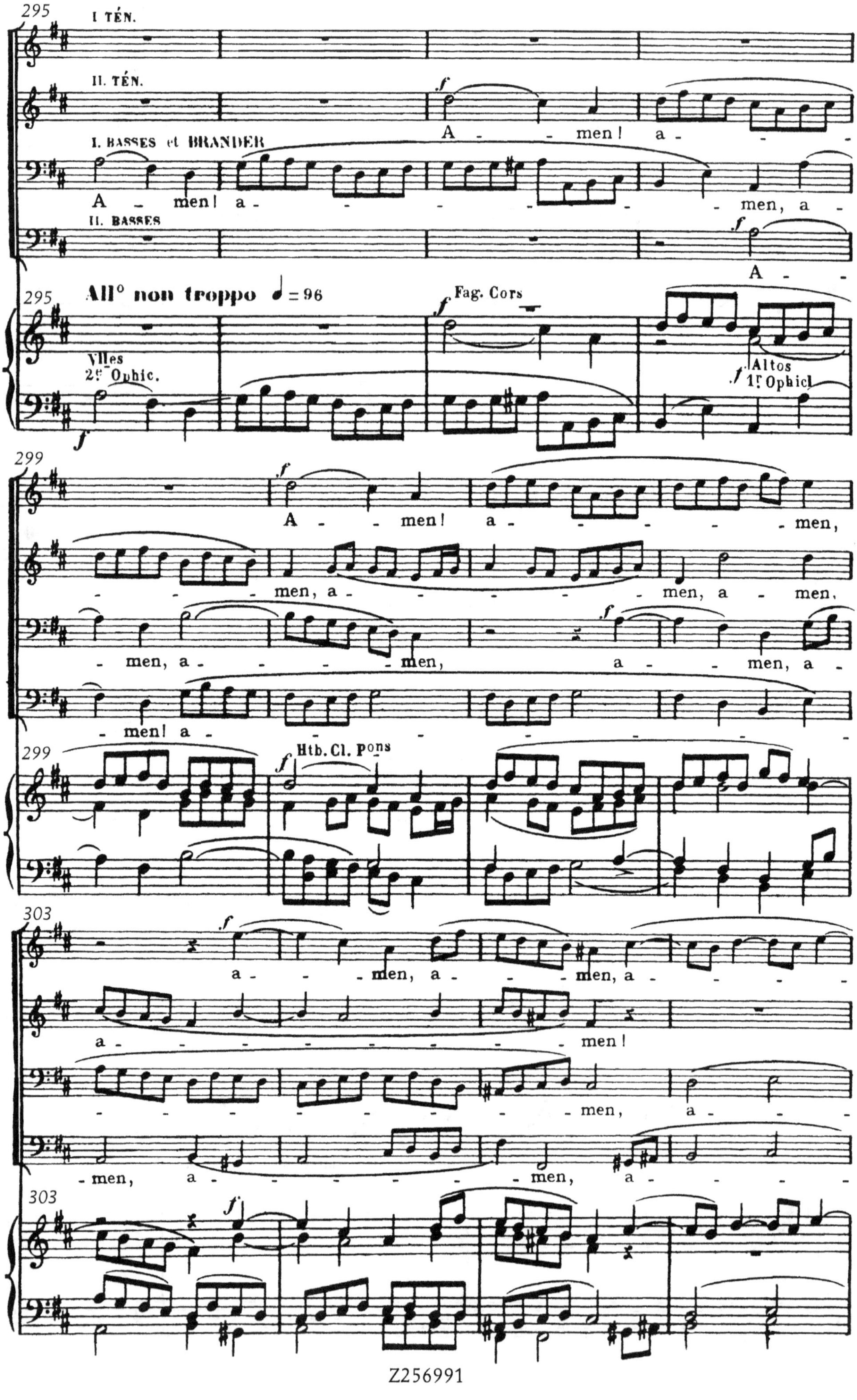

307
A - - men a -
- - men!
A - - -
- - men!
A - - men,
307
Fag. Cors
Oph.
f Altos
311
- - men.
A - - men,
- - - men, a - men, a - - men, a -
- - - - - - - men, a - - men,
a - - - - - - men, a - men, a - - -
311
Bois
315
a - - - - - men a - - -
- men, a - - - - - - men a -
a - - - - - - men, a men, a men, a men,
- - - - men, a - - -
315

318
- - - - men, a - men, a - men, a - men, a - men, a - men,
- - men, a - - - - - men, a - - -
a - men, a - men, a - men, a - men, a - men, a - men, a - men, a - men,
- - - - - - - - - - -
318
320
a - men, a - men, a - men, a - men, a - men, a - men, a - - - - - - -
- men, a - - men, a - - men, a - - - men,
a - men, a - men, a - men, a - men, a - - - men, a - men
- - - - men, a - - - men, a -
320
sempre f
un poco rit.
323
- men, a - - - - - - - - - - men!
a - men, a - men, a - men, a - men, a - men, a - men, a - men, a - men, a - men!
a - - - men, a - - - - men!
- - - - men, a - - men!
323
1rs Vons
un poco rit.
2ds Vons

44 All° moderato Récit.
327
MÉPHIST. s'avançant
Vrai Dieu, messieurs, votre fugue est fort bel_le, Et
All° moderato
Bois
Htb. Cl.
f ff p
suivez
p
Trb.
Trb.
Vlles
Cymb.
330
l'apparition de Méphistophélès les buveurs terrifiés reculent vers leurs tables. Faust s'assied
M.
tel_le Qu'à l'entendre on se croit aux saints lieux! Souffrez qu'on vous le
Htb. Cl.
Vlles
332
à une table de droite.
M.
di_se: Le style en est sa_vant, vraiment re_li_gi_
334
M
_eux; On ne saurait ex_primer mieux Les sen_ti_ments pi_

336
M.
-eux Qu'en ter-mi-nant ses pri-è-res l'E-glise En un seul mot ré-
Htb. Cl.
Vlles
338
M.
-su-me. Main-te-nant, Puis-je à mon tour ri-pos-ter par un
Fl
f
p
340
M.
chant Sur un su-jet non moins tou-chant Que le vo-tre?
p
45
All° non troppo Les buveurs entre eux mystérieusement et avec des regards idiots.
342
I. et II. TÉN.
sotto voce
Ah ça! mais se mo-que t'il de
I. et II. BASSES
sotto voce
Ah ça! mais se mo-que t'il de
45
342
All° non troppo ♩= 96
Bois
Altos Vlles
mf
6

344
nous ? Quel est cet hom - me ? Oh! qu'il est
nous ? Quel est cet hom - me ? Oh! qu'il est
344
Quat.
Cors
C.B.
347
pâ - le, et comme Son poil est roux !
pâ - - le, et comme Son poil est roux ! N'im -
347
Cordes
351
Volon-tiers ! Autre chanson ! A vous !
Autre chanson ! A vous !
-por - te ! A vous ! à vous !
A vous !
351
Bois
Quat.
Cors

CHANSON DE MÉPHISTOPHÉLÈS
All^tto con moto ♩ = 168
Quat.
Cl.
Fag.
MÉPHIST.
46
prenant le milieu de la scène.
TUTTI sans Trb.
Cordes Pizz.
U - ne pu-ce gen-til - le Chez un prin - ce lo-geait.
1rs vons
Com - me sa propre fil - le, Le brave hom - me l'ai-mait.
C.B.
Et, l'histoi-re l'as-su - re, Par son tail-leur, un jour, Lui fit pren-dre me - su - re Pour
2ds vons
Altos
vlles
C.B.
Z256991

377
M.
un habit de cour.
Quat.
381
TUTTI sans Trb.
Cl. Fag.
2e Cor
Timb.
386
47
M.
L'in-sec-te plein de joi-e, Dès qu'il se vit pa-
2ds vons
1rs vons
vlles
Altos
2ds vons
1rs vons
390
M.
-ré D'or, de velours, de soi-e, Et de croix dé-co-
394
M.
-ré, Fit venir de pro-vin-ce Ses frè-res et ses
C.B.

398
cresc.
M.
sœurs
Qui, par
or - dre
du
prin - ce,
De -
cresc.
401
f
- vin - rent grands sei - gneurs.
Quat.
poco
f
p
ff
p
405
Ob.Cl.
Pizz.
f
p
f
f
Fag.
TUTTI
ff sans Trb.
Timb.
410
48
Mais ce qui fut bien pi - re, C'est que les gens de
Clar.
p Quat.
Htb
Cors
f
Fag.
414
cour,
Sans en o - ser rien di - re, Se grat - taient tout le
Clar.
pp
p
Htb.
Cors.
f
Fag.
Timb.

418
M.
jour. Cruel-le po-li - ti - que! Ah! plaignons leur des -
Clar.
ff
p
Fag.
Timb.
422
- tin, Et dès qu'u - ne nous pi - que, E - cra - sons-la sou -
ff
TUTTI sans Trb.
426
- dain!
I. TÉNORS
(éclats de rire)
Bra-vo! bra-vo! bra - vo! Ha! ha! ha! bra-vo! bra-vis-si -
II. TÉNORS
Ha! ha! ha! bra-vo! bra-vo! bra - vo! bra-vo! bra-vis-si -
I. BASSES
Bra-vo! bra-vo! bra - vo! Ha! ha! ha! ha! bra-vo! bra -
II. BASSES
Bra-vo! bra-vo! bra - vo! Ha! ha! ha! ha! bra-vo! bra -
Vons Altos
f
Timb.

429
-mo! bra-vo! bra-vo! bra-vo!
-mo! bra-vo! bra-vo! bra-vo! É-
-vo! bra-vo! bra-vo! bra-vo! É-cra-sons-la, é-
-vo! bra-vo! bra-vo! bra-vo! É-cra-sons-la, é-
Clar. 2ds vons
ff Fag.
Bsses
432
M
Oui, é-cra-sons-la sou-dain!
É-cra-sons-la, oui, é-cra-sons-la sou-dain!
-cra-sons-la, é-cra-sons-la, oui, é-cra-sons-la sou-dain!
-cra-sons-la, é-cra-sons-la, oui, é-cra-sons-la sou-dain!
-cra-sons-la, é-cra-sons-la, oui, é-cra-sons-la sou-dain!
Htb. 1rs vons
Fl.
TUTTI sans Trb.

49
436
FAUST
Récit.
Assez! fuyons ces lieux où la pa_role est vi_le, La joie i_
All° non troppo
p Altos Vlles
suivez
439
F.
_gnoble et le ges_te bru_tal! N'as - tu d'autres plai_sirs, un sé_jour plus tran_
Cordes
pp
441
F.
_quille A me donner, toi, mon guide in_fer - nal?
MÉPHIST.
Ah! ce_ci te de_
441
Quat.
mf
Quat.
f
Faust et Méphistophélès partent dans les airs.
443
M.
_plaît? suis-moi!
Quat.
p
All° leggiero ♩. = 100
1rs vons
mf
Bois
mf

447
Clar.
Fag.
450
453
2 Vons
p
Htb. Cl.
Fag.
457
461
p
465
Fl. Ob. Cl.
Fl. Htb. Cl.
2nds Vons

469 [50] 2ds vons — Fl. Htb. Cl. — un poco rit. — Fl.

474 rall. poco a poco — pp

Andantino ♩ = 76

479 Fl. Htb. — Quat. 3.4. Cors

484 rit. — allarg. — sf — p

490 Quat.

495 [51] Le Rideau se lève. — un poco rit. — sempre dim.

Scène VII

AIR DE MÉPHISTOPHÉLÈS

Bosquets et prairies du bord de l'Elbe

21
M.
toi plus d'un bai_ser ver _ meil, Où des fleurs sur ta
24
M.
couche ou _ vri _ ront leurs co _ rol _ les, Ton o _
27
M.
pp
_ reille en _ ten _ dra de di _ vi _ nes pa _ ro _ les. E _
30
M.
cresc.
_ cou _ te, é _ cou _ te! Les Es _ prits de la terre et de
52
33
M.
mf
rit.
l'air Com _ mencent, pour ton rêve, un su _ a _ ve con _
rit.
Cors

CHŒUR DE GNOMES ET DE SYLPHES (Songe de Faust)

Z256991

44
Faust!
Faust! Bien-tôt, oui, bien-tôt sous
Faust! Heu - reux Faust! bien -
Faust!
I. BASSES
Dors!
II. BASSES
Dors!
Bois
Cor Angl.
dolce
Altos
Fag.
Cors
48
un voi - le D'or et d'azur, heu - reux Faust, heu-reux
- tôt, sous un voi - - le D'or et d'a - zur, tes yeux
I. et II. BASSES

52
vont, tes yeux vont se fer - mer. Au front des
vont se fer - - mer. Au front des
pp
Bientôt sous un voi - le, Tes yeux vont se fer - mer.
I. BASSES
II. BASSES pp
Bientot sous un voi - le, Tes yeux vont se fer - mer.
52
Clar.
Cors
Vlles
55
cieux va bril - ler ton é - toi - - - le;
cieux va briller ton é - toi - - - le;
55

58
Son - ges d'a - mour vont en - fin te char-
Son - ges d'a - mour vont en - fin te char-
p
Bien -
Fl.
58
pp
61
53
mf
Bien -
p leggiero
- mer.
De si - tes ra - vis - sants
p leggiero
- mer.
De si - tes ra - vis - sants
leggiero
p
De si - tes ra - vis - sants
- tôt,
p leggiero
De si - tes ra - vis - sants
Fl. Htb. Cor Angl.
53
61

MÉPHIST.
Heu - reux
- tôt, oui, bien -
La cam-pa-gne se cou - vre,
La cam-pa-gne se cou - vre,
La cam-pa-gne se cou - vre,
heu - reux
La cam-pa-gne se cou - vre,
1rs Vons
Vlles
Altos
Ped.
M.
Faust! Bien -
- tôt, sous
Et notre œil y dé-cou - vre
Et notre œil y dé-cou - vre
Et notre œil y dé-cou - vre
Faust, bien -
Et notre œil y dé-cou - vre

64
M.
-tôt, sous un
un voi - - - - - - le
Des fleurs, des bois, des champs,
Des fleurs, des bois, des champs,
Des fleurs, des bois, des champs,
-tôt, sous un
Des fleurs, des bois, des champs,
64
65
M.
voi - - - - - - - - - - - le
D'or et d'a - zur,
Et d'é-pais-ses feuil-lé - es
Et d'é-pais-ses feuil-lé - es
Et d'é-pais-ses feuil-lé - es
voi - - - - - - - - - - - le
Et d'é-pais-ses feuil-lé - es
65

66
M.
D'or et d'a - - - - -
heu - - - - - - - - - - - reux
Où de ten-dres a-mants
Où de ten-dres a-mants
Où de ten-dres a-mants
D'or et d'a - - - - -
Où de ten-dres a-mants
66
67
M.
- zur, tes yeux
Faust, tes yeux
Pro-mè-nent leurs pen-sé - es.
Pro-mè-nent leurs pen-sé - es.
Pro-mè-nent leurs pen-sé - es.
- zur, tes yeux
Pro-mè-nent leurs pen-sé - es.
67

68
M.
vont se fer - -
vont se fer - -
De si - tes ra - vis - sants
De si - tes ra - vis - sants
De si - tes ra - vis - sants
vont se fer - -
De si - tes ra - vis - sants
68
69
M.
- mer.
- mer.
La cam - pa - gne se cou - vre.
La cam - pa - gne se cou - vre.
La cam - pa - gne se cou - vre.
- mer.
La cam - pa - gne se cou - vre.
Fl. Htb. Cor A.
69

70
De si - tes ra - vis - sants
Au front des
Au front des
Au front des
De si - tes ra - vis - sants
Et notre œil y dé -
1^{ts} Vons
Cors
Clar.
Vlles
Fl. Htb. Cor A.
Ped
C.B.
71
La cam - pa - gne se cou - vre,
cieux va -
cieux va bril - ler
cieux va -
La cam - pa - gne se cou - vre,
- cou - - vre Des
Ped.
Z256991

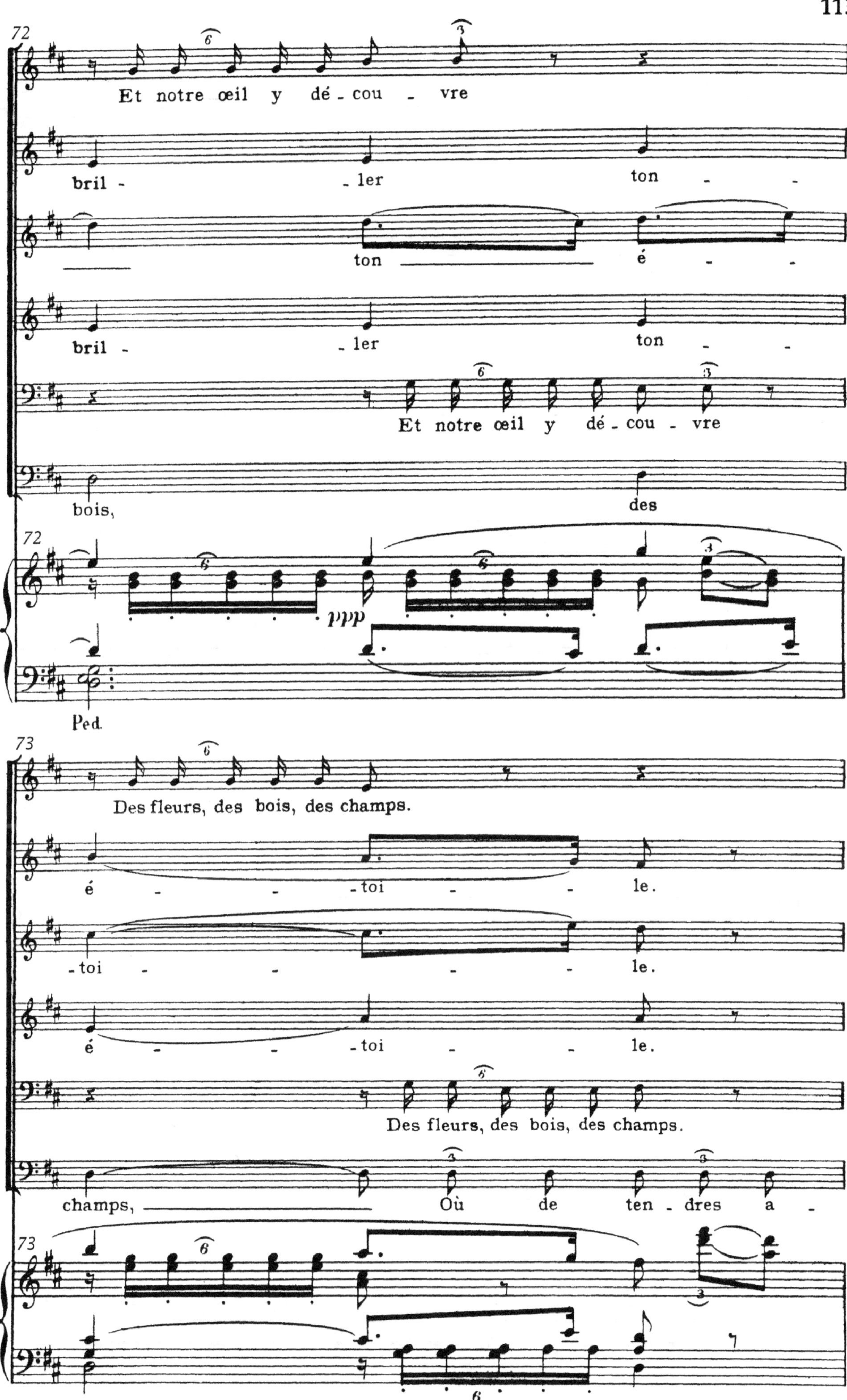
72
Et notre œil y dé - cou - vre
bril - - ler ton - -
ton é - -
bril - - ler ton - -
Et notre œil y dé - cou - vre
bois, des
ppp
Ped.
73
Des fleurs, des bois, des champs.
é - - toi - - le.
- toi - - - - le.
é - - toi - - le.
Des fleurs, des bois, des champs.
champs, Où de ten - dres a -

54
74
FAUST
Ah! sur mes
MÉPHIST.
Au front des
Au front des
Mais plus loin sont cou_verts Les longs rameaux des
Au front des
Au front des
Mais plus loin sont cou_verts
_mants Pro - mè - nent leurs pen - sé - es, D'é -
54
74
Fl. Htb.
Clar. Fag.
2. Vons
Cors
Vlles
Fl. Htb.
C.B.

75
F.
yeux dé - -
M.
cieux va bril - ler
cieux va bril -
treil - les De bourgeons, pampres verts,
cieux va bril - ler
cieux va bril -
Les longs ra - meaux des treil - les De bourgeons, pampres
-pais - ses feuil - lé - es, Des bois où de
75
Cl. Fag.
Fl. Htb.
Clar. Fag.

76
F.
-jà s'é - tend un
M.
ton é -
-ler ton é -
Et de grap-pes ver-meil - les. Vois ces jeu-nes a -
ton é -
-ler ton é - -
verts, Et de grap-pes ver-meil - les.
ten - dres a - mants Pro - mè - nent leurs pen -
76
Fl.
Htb.
Clar.
Fag.
Fl.
Htb.

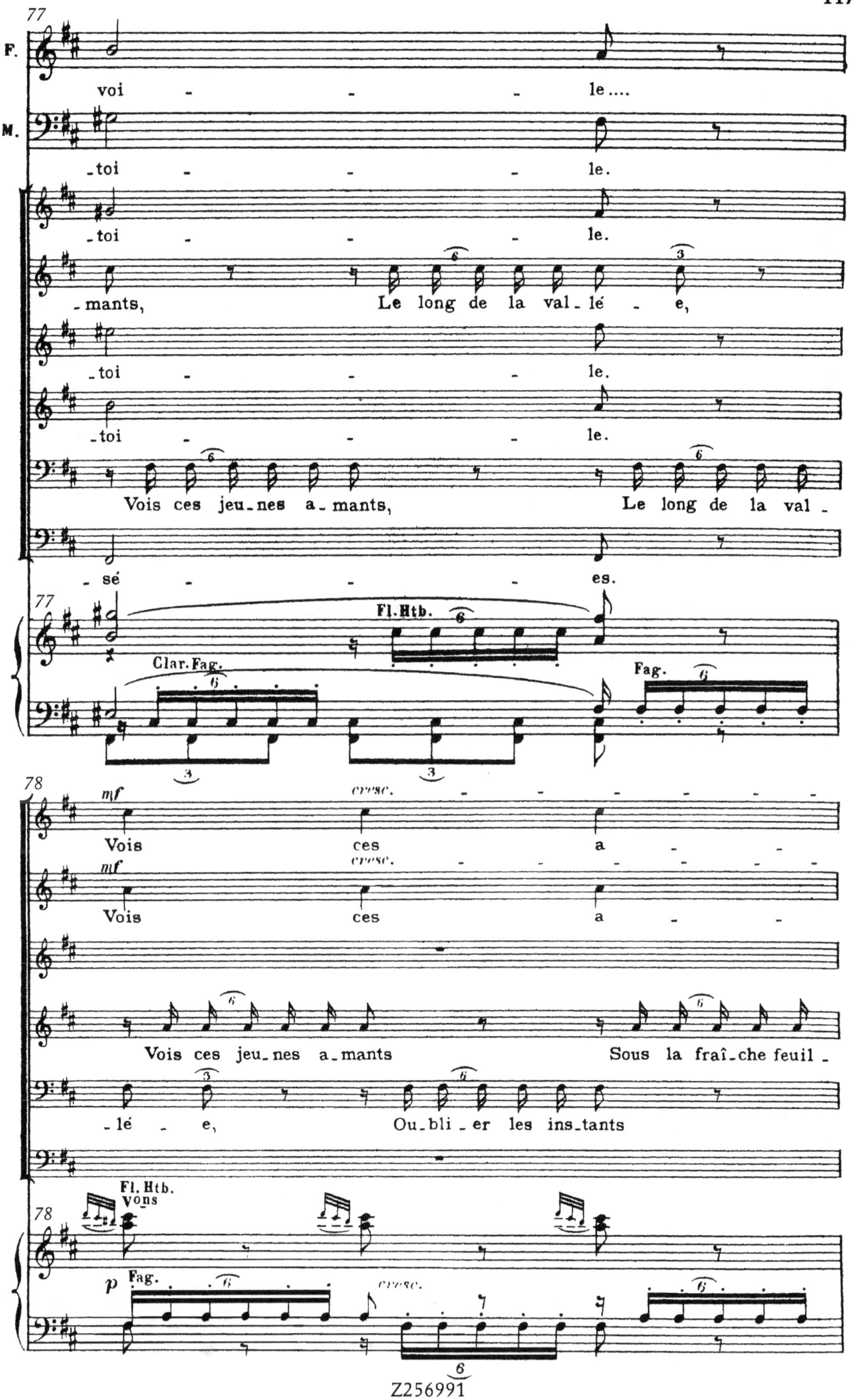
77
F.
voi - - - le....
M.
-toi - - - le.
-toi - - - le.
-mants, Le long de la val-lé - e,
-toi - - - le.
-toi - - - le.
Vois ces jeu-nes a-mants, Le long de la val-
-sé - - - es.
77
Fl. Htb.
Clar. Fag.
Fag.
78
mf
cresc.
Vois ces a - - -
mf
cresc.
Vois ces a - -
Vois ces jeu-nes a-mants Sous la fraî-che feuil-
-lé - e, Ou-bli-er les ins-tants
78
Fl. Htb.
vons
p
Fag.
cresc.

79
mants, Le long de la val
mants, Le long de la val
_lé _ e. U_ne beau_té les suit,
Sous la fraî_che feuil_lé _ e. U_ne beau_té les
79
cresc.
80
_lé _ _ e,
_lé _ _ e,
mf
cresc.
Vois ces a _ _
In _ gé _ nu _ _ e et pen _
suit, In_gé_nue et pen_sive; A sa pau_piè_re luit U_ne lar_me fur_
mf
cresc.
Vois ces a _ _
80
tr
tr
Clar
Cors
cresc.
Altos
Vlles

81
p cresc.
Ou - - bli - - er
p cresc.
Ou - - bli - - er
-mants, Le long de la val -
-si - - ve.
-ti-ve. De grap-pes ver-meil-les Et de pampres verts Les longs rameaux des
-mants, Le long de la val -
81
Hie Quat.
p
82
les ins - tants Sous la feuil -
les ins - tants Sous la feuil -
-lé - - e,
treilles Plus loin sont cou-verts. De si-tes ra-vis-sants La cam-pa-gne se
-lé - - e,
82

Marguerite apparait au milieu des roses.
-lé - - e. U - -
-lé - - e. U - -
Ou - - bli - - er
A sa pau - piè - - re luit U - ne
-couvre, Et notre œil y dé-couvre, Et notre œil y dé-cou-vre Des bois et des
Ou - - bli - - er
MÉPHIST.
U - ne beau - té les
-ne beau - té les
- - ne beau - té les
les instants Sous la feuil-lé - e. U - -
lar-me fur-ti - ve, u - ne lar - me fur-ti - ve.
champs. Vois ces a-mants!
les instants Sous la feuil-lé - e! Un - -

86
M.
suit. Faust, el - le t'ai - me
suit; Faust, el - le t'ai - me -
suit; Faust, el - le t'ai - me -
- ne beau - té les suit; El - le t'ai - me -
Bien - tôt el - le t'ai - me -
U - ne beau - té les
- ne beau - té les suit; El - le t'ai - me -
86
87
FAUST (endormi)
55
La vision disparait.
Mar - ga - ri - ta!
M.
- ra. Le lac étend ses flots A l'en - tour des mon -
- ra. Le lac étend ses flots A l'en - tour des mon -
- ra. Le lac étend ses flots A l'en - tour des mon -
- ra. Le lac étend ses flots A l'en - tour des mon -
- ra. Le lac étend ses flots A l'en - tour des mon -
suit. Le lac étend ses flots A l'en - tour des mon -
- ra. Le lac étend ses flots A l'en - tour des mon -
87
Hie Quat.
55
C.B.

91
M.
p
dim.
-ta-gnes; Dans les ver-tes cam-pa-gnes Il ser-pente en ruis-
-ta-gnes; Dans les ver-tes cam-pa-gnes Il ser-pente en ruis-
-a-gnes; Dans les ver-tes cam-pa-gnes Il ser-pente en ruis-
-ta-gnes; Dans les ver-tes cam-pa-gnes Il ser-pente en ruis-
-ta-gnes; Dans les ver-tes cam-pa-gnes Il ser-pente en ruis-
-ta-gnes; Dans les ver-tes cam-pa-gnes Il ser-pente en ruis-
-ta-gnes; Dans les ver-tes cam-pa-gnes Il ser-pente en ruis-
p Bois Quat.
95
56
-seaux.
Hie
p Altos

97
Allegro (3 mesures = 1 de l'And^te)
Là, de chants d'al-lé-gres-se La ri-ve re-ten-
Andante
Vons
Harpes
Pendant cette partie du chœur, des gnomes ont envahi la scène et cherchent à attraper les danseuses qui fuient en zig-zag.
100
-tit. Ha!

103
D'au - tres chœurs là sans ces - se La dan - se nous ra -
D'au - tres chœurs là sans ces - se La dan - se nous ra -
D'au - tres chœurs là sans ces - -
D'au - tres chœurs là sans ces - -
D'au - tres chœurs là sans
D'au - tres chœurs là sans
103
Fl. Htb.
Clar
Cors
Fag.
106
- vit, La dan - se nous ra - vit. Les
- vit, La dan - se nous ra - vit. Les
- se La dan - se nous ra - vit. Les
- se La dan - se nous ra - vit. Les
ces - se La dan - se nous ra - vit. Les
ces - se La dan - se nous ra - vit. Les
106

109

uns gaiement s'a - van - cent Au - tour des cô - teaux

uns gaiement s'a - van - cent Au - tour des cô - teaux

uns gaiement s'a - van - cent Au - tour des cô - teaux

uns gaiement s'a - van - cent Au - tour des cô - teaux

uns gaiement s'a - van - cent Au - tour des cô - teaux

uns gaiement s'a - van - cent Au - tour des cô - teaux

109

Hie

Bes

112

verts. Ha!

verts. Ha!

verts. Ha!

verts. Ha!

verts. Ha!

verts. Ha!

112 Vons

115
De plus har-dis s'é - lan - cent, De plus har-dis s'é -
De plus har-dis s'é - lan - cent, De plus har-dis s'é -
De plus har-dis s'é - lan - cent, s'é - lan - -
De plus har - dis s'é - lan - cent, s'é -
De plus har - dis s'é - lan - cent, s'é -
115
Bois
8
118
Les Gnômes disparaissent.
FAUST (rêvant)
Mar - - ga -
- lan - cent Au sein des flots a - mers.
- lan - cent Au sein des flots a - mers.
- cent Au sein des flots a - mers.
- lan - cent Au sein des flots a - mers.
- lan - cent Au sein des flots a - mers.
118
Vons
8
Cor A
Clar
Fag.
tenues

121
Andante
57
F.
- ri - ta! ô Marga - ri - ta!
MÉPHIST.
Le lac é - tend ses
Le lac é-tend ses
Le lac é-tend ses
Le lac é-tend ses
Le lac é-tend ses
Le lac é-tend ses
Le lac é - tend ses
121
Andante
Bois
57
Fl. Htb.
Cors
Cordes Pizz
C.B.

125
F.
M.
flots A l'en - tour des mon - ta - gnes;
flots A l'en - tour des mon - ta - gnes;
flots A l'en - tour des mon - ta - gnes;
flots A l'en - tour des mon - ta - gnes;
flots A l'en - tour des mon - ta - gnes;
flots A l'en-tour des mon - ta - gnes;
flots A l'en - tour des mon - ta - gnes;
125

128
M.
p
dim.
Dans les ver - tes cam-pa - gnes Il ser-pente en ruis -
Dans les ver - tes cam-pa-gnes Il ser - pente en ruis -
Cors
p Hie
dim.
131
- seaux.
1rs vons
pp
Altos
2ds vons
12

Z256991

132
pp
Par - tout
pp
Par - tout
pp
Par - tout
pp
Par - tout
pp
Par - tout
pp
Par - tout
132
Clar.
12
Cors
Fag.
12
Altos
12
2ds vons
1rs vons
133
l'oi - seau ti - mi - de,
l'oi - seau ti - mi - de,
l'oi - seau ti - mi - de,
l'oi - seau ti - mi - de,
l'oi - seau ti -
l'oi - seau ti -
133
Clar
12
Cors
Fag.
12
Altos
12
2ds vons
1rs vons

134
Cher - chant
Cher - chant
Cher - chant
Cher - chant
-mi - de,
Cher - chant
-mi - de,
Cher - chant
134
Clar.
Cors
Fag.
Altos
2ds Vons
1rs Vons
MÉPHIST.
sotto voce
135
Le
l'ombre et le frais,
l'ombre et le frais,
l'ombre et le frais,
l'ombre et le frais,
l'ombre et le
l'ombre et le
135
simile

136
M.
charme
o - pè - -
S'en - fuit
S'en - fuit
S'en - fuit
S'en - fuit
frais,
S'en - fuit
frais,
S'en - fuit
136
137
M.
- re;
il est a
d'un vol ra - pi - de
d'un vol ra - pi - de
d'un vol ra - pi - de
d'un vol ra - pi - de
d'un vol ra -
d'un vol ra -
137

138
M.
nous!
mf
Au mi - lieu des ma -
Au mi - lieu des ma -
Au mi - lieu des ma -
Au mi - lieu des ma -
- pi - de Au mi - lieu des ma -
- pi - de Au mi - lieu des ma -
138
Hie
Vons
1rs Vons
Altos
139
58
senza ritardare
pp
- rais. Tous, pour goû -
- rais. Tous, pour goû -
- rais. Tous, pour goû -
- rais. Tous, pour goû -
- rais. Tous, pour goû - -
- rais. Tous, pour goû - -
58
Fl.Cl.
139
pp
Quat.
smorz.

Z256991

141
FAUST dolcissimo
Mar - ga - ri - -
-ter la vi - -
-ter la vi - - e,
-ter la vi - e,
-ter la vi - e,
-ter la vi - -
-ter la vi - -
141
143
F.
-ta!
pp
-e!... C'est el-le, Si belle, Qu'A-
perdendosi
Tous cher-chent dans les
perdendosi
Tous cher - chent dans les
C'est el-le, Si belle, Qu'A-
perdendosi
-e, Cher - chent dans les
-e, Cher - - - -
143
perdendosi

145
-mour te destina.
Dors!
cieux Une é - toi - le ché -
cieux Une é - toi - le ché -
-mour te destina.
Dors!
cieux
U - - -
chent
145
147
La vision réapparait.
Dors!
-ri - e Qui s'al - lu -
-ri - e Qui s'al - lu -
Dors!
- - ne é - toi - le ché -
une é - toi - - -
147
Fl.

149
ma
pour
ma
pour
Dors!
ri
le aux
149
151
La vision disparait.
MÉPHIST.
pp
C'est
ppp
Dors!
pppp
Dors!
eux.
ppp
Dors!
pppp
Dors!
eux.
ppp
Dors!
pppp
Dors!
ppp
Dors!
pppp
Dors!
e.
ppp
Dors!
pppp
Dors!
cieux.
Dors!
151
1rs Vons
ppp
2ds Vons
smorz.
Altos
Vlles
C.B.

156
M.
bien! c'estbien, jeunes esprits, Je suis con_tent de vous.
Heu _ reux
Heu _ reux
Heu _ reux
Heu _ reux
Heu _ reux
Heu _ reux
156
sempre ppp
159
M.
59
Bercez,ber_cez sonsommeil enchan _ té!
Faust, dors! dors!
Faust, dors! dors!
Faust, dors! dors!
Faust, dors! dors!
Faust, dors! dors!
Faust, dors! dors!
159
59
1rs vons
2ds vons
Altos
C.B.
Fl. Harpes

BALLET DES SYLPHES

180
184
Clar.
188
192
196

200
204
208
212
60
Fl.
pte Fl.
pp
216

220
poco f
Clar.
224
dim.
poco
Fl.
sf
1rs Vons
pp
229
perdendosi
61
Harpes
ppp sempre
Clar.
234
239
Fl.

243
Fl.
Fl.
247
Fl.
Fl.
Clar.
251
Harpes
256
1rs. vons
Altos
261
Harpes
sans presser
Timb.
Harpes
8a bassa

266
8--
Harpes
Timb.
Timb.
Clar.
Harpes
Timb.
Clar.
Harpes
Timb.
62 Allegro ♩=152
272
Vons
f
Altos
Bie
Bie pons
ff
FAUST (s'éveillaut en sursaut)
274
Récit
Mar-ga-ri - ta! Qu'ai-je vu? qu'ai-je vu?
TUTTI sans Trb.
suivez
ff
276
F.
Quel - le cé - leste i - ma - ge! quel ange Au front mor-
Quat.
sf
pp
278
F.
tel! Où le trouver? Vers quel au - tel traî-ner à ses
TUTTI sans Trb.
f
Quat.
p

280
F.
pieds ma lou_an - ge?
MÉPHIST.
Eh bien! il faut me suivre en_
Quat.
f
Moderato ♩.=80
282
mesuré
M.
_cor Jus_qu'à cette al - côve em - bau - mé_e Où re_
Cors
pp
rall.
Récit
286
_po- - - se ta bien-ai - mé - e. A toi
p
63
288
seul ce di_vin tré_sor! Des é - tu_diants voi_
Quat.
ff
f
pp

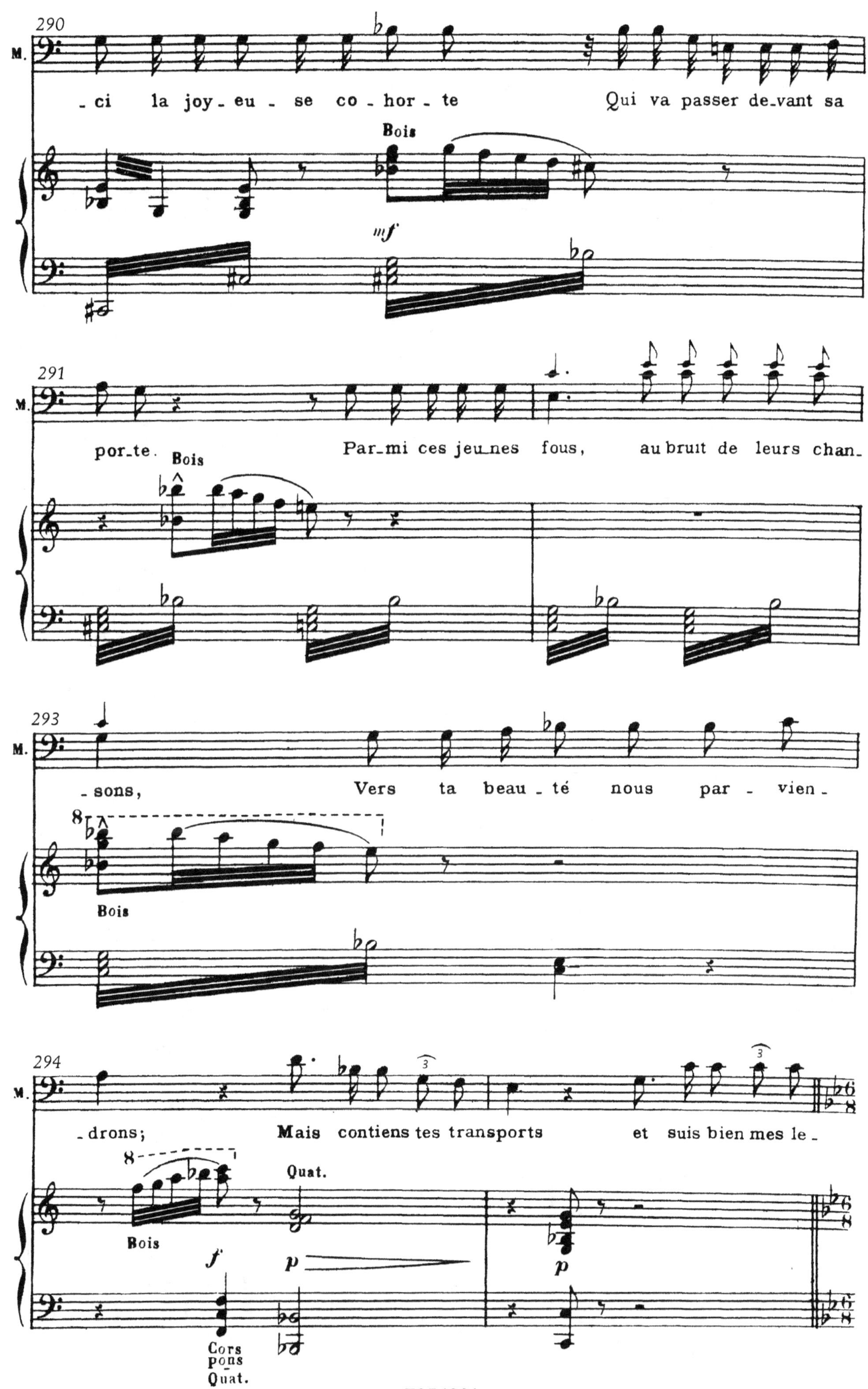
290
M.
-ci la joy-eu-se co-hor-te Qui va passer de-vant sa
Bois
mf
291
M.
por-te. Par-mi ces jeu-nes fous, au bruit de leurs chan-
Bois
293
M.
-sons, Vers ta beau-té nous par-vien-
8
Bois
294
M.
-drons; Mais contiens tes transports et suis bien mes le-
8
Quat.
Bois
f
p
p
Cors pons Quat.

Scène VIII

Finale

20
-ré-es De murs et remparts
-ré-es De murs et remparts
-ré-es De murs et remparts
20
Clar.
23
Fil-let-tes su-
Fil-let-tes su-
Fil-let-tes su-
23
Htb.
Clar.
26
-cré-es, Aux ma-lins re-gards,
-cré-es, Aux ma-lins re-gards,
-cré-es, Aux ma-lins re-gards,
26
Fl.
Clar.

29
Vic - toi - re cer. - tai - ne
Vic - toi - re cer - tai - ne
Vic - toi - re cer. - tai - ne
29
8
Htb.
Clar.
32
Près de vous m'at - tend.
Si
Près de vous m'at - tend.
Si
Près de vous m'at - tend.
Si
32
Htb.
Fl. Cl.
35
grande est la pei - ne,
Le
cresc.
grande est la pei - ne,
Le prix est plus
cresc.
grande est la pei - ne,
Le prix est plus grand, le prix, le
35
Htb.
Clar.
p
cresc.

39
cresc
65
prix est plus grand.
f
Aux sons des trom-
grand, le prix est plus grand.
Au
prix est plus grand.
Trp. pons
détaché
1. Vons
2. Vons Altos
43
-pet-tes, Les bra-ves sol - dats S'é-lancent aux fê-tes Ou bien aux com-
son des trompet-tes, Les braves sol-dats S'é - lancent aux fê - tes Ou
Au son des trom-pet-tes, Les braves sol - dats S'é-lancent aux
Bes
46
-bats.
Fil - let-tes et
bien aux combats.
Fil - let-tes et
fè - tes Ou bien aux com - bats.
Fil - let-tes et
Trp. pons
Bois
Quat.

vil_les Font les dif_fi - ci_les; Bientôt tout se rend, Bientôt, bien_
vil_les Font les dif_fi - ci_les; Bientôt tout se rend, Bientôt, bien_
vil_les Font les dif_fi - ci_les; Bientôt tout se rend, Bientôt, bien_
Bois
sf Quat.
_tôt tout se rend, Bien - tôt, bien_tôt tout se rend.
_tôt tout se rend, Bien - tôt, bien_tôt tout se rend.
_tôt tout se rend, Bien - tôt, bien_tôt tout se rend. Si grande est la
Trp.
66
Vil - les en - tou - ré_es De murs
Vil - les en - tou - ré_es De murs
pei_ne, Le prix est plus grand. Vil - les en - tou_ré - es
66
Htb.
Clar.
mf

58
et remparts,
et remparts,
et remparts,
58
Clar.
61
Fil - let - tes su - cré - es, Aux ma - lins regards;
Fil - let - tes su - cré - es, Aux ma - lins regards;
Fil - let - tes su - cré - es, Aux ma - lins regards;
61
Htb.
Clar.
Fl.
Cl.
65
Vic - toi - re cer - tai - ne Près de vous
Vic - toi - re cer - tai ne Près de vous
Vic - toi - re cer - tai - ne Près de vous
65
8
Htb.
Clar.
Htb.

69
m'at - tend. Si grande est la pei - ne,
m'at - tend. Si grande est la pei - ne,
m'at - tend. Si grande est la pei - ne,
Fl. Cl.
Htb.
Clar
Fag.
73
cresc.
67
Le prix est plus grand.
cresc.
Le prix est plus grand, le prix est plus grand.
cresc.
Le prix est plus grand le prix, le prix est plus grand.
Fl.
p cresc.
f
CHANSON D'ÉTUDIANTS
77
TÉNORS
f
Jam nox stella - ta, nox stella - ta ve - la - mi - na pan -
I. BASSES
f
Jam nox stella - ta, nox stella - ta ve - la - mi - na pan -
Istesso tempo
8
Bois
f Cors
Timb.

Z256991

81
_dit. Nunc, nunc bi_bendum,
_dit. Nunc, nunc bi_bendum,
81
8
f
Hle Quat.
Timb.
85
nunc biben_dum et a _ mandum est. Vi _ ta_
nunc biben_dum et a _ mandum est. Vi _ ta_
85
Quat.
p
89
bre _ vis fu_gax que vo _ lup _ tas. Gau _ de _
bre _ vis fu_gax que vo _ lup _ tas. Gau _ de _
89
f
93
_a_mus i _ gi _ tur, gau_de _ a _ mus, gaude _ a _ _ mus, gaude_
_a_mus i _ gi _ tur, gau_de _ a _ mus, gaude _ a _ _ mus, gaude_
93
3
3
3
3

97
-a - - - - mus!
-a - - - - mus!
97
102
68
p
No-bis sub - ri-den-te lu- -nâ, per urbem quæ-ren-tes pu
No-bis sub - ri den - te lu- -nâ, per urbem quæ-ren-tes pu
mf
102
68
f
mf
Clar.
Fag.
107
-el - las, e - a - - mus!
-el - las, e - a - - mus!
Bois Quat.
107
f
111
69
No-bis sub - ri-den - te lu- -nâ,
No-bis sub - ri-den - te lu- -nâ,
f
111
69
Quat.

115
per ur_bem, quæ - ren - tes pu - el - las, e - a - - mus!
per ur_bem, quæ - ren - tes pu - el - las, e - a - - mus!
Clar.
Fag.
119
Ut cras, for_tu - na - ti Cæ_sares, di - ca - - -
Ut cras, for_tu - na - ti Cæ - sares, di - ca - - -
cresc
Quat.
124
- mus: Ve_ni, vi_di, vi_ci
- mus: Ve_ni, vi_di, vi_ci!
Clar.
Fag.
Quat.
128
Gau_de_a - mus, gau_de - a - mus gau - de_a - mus i - gi - tur!
Gau_de_a - mus, gau_de_a - mus gau - de_a - mus i - gi - tur!
Fag.
Quat.

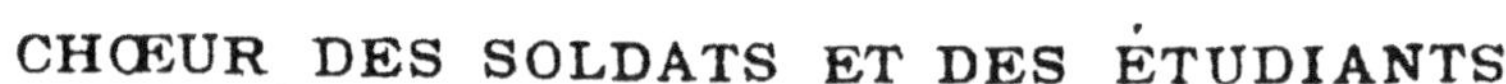

CHŒUR DES SOLDATS ET DES ÉTUDIANTS

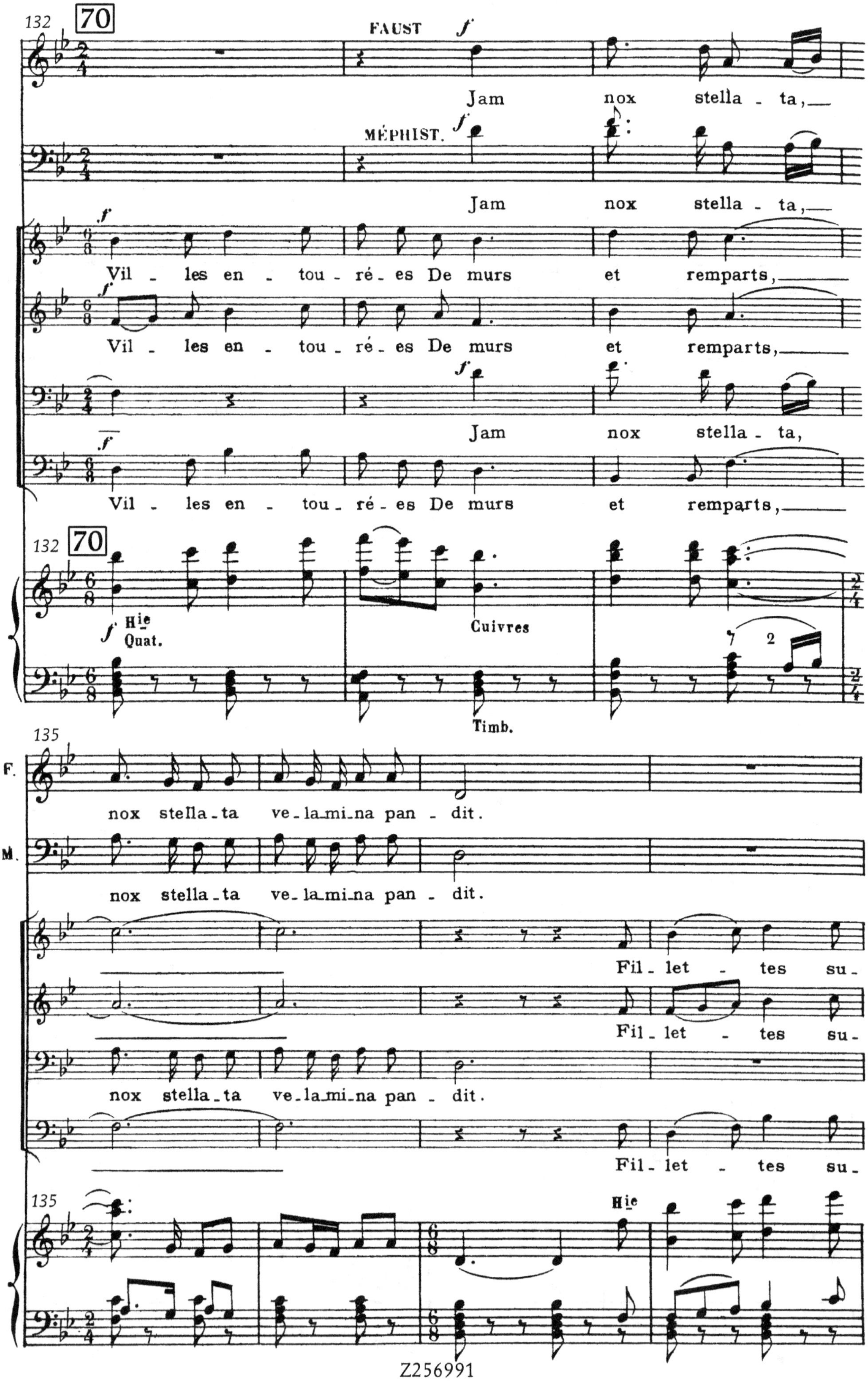
132
70
FAUST
Jam nox stella - ta,
MÉPHIST.
Jam nox stella - ta,
Vil - les en - tou - ré - es De murs et remparts,
Vil - les en - tou - ré - es De murs et remparts,
Jam nox stella - ta,
Vil - les en - tou - ré - es De murs et remparts,
132
70
Hie
Quat.
Cuivres
Timb.
135
F.
nox stella - ta ve - la - mi - na pan - dit.
M.
nox stella - ta ve - la - mi - na pan - dit.
Fil - let - tes su -
Fil - let - tes su -
nox stella - ta ve - la - mi - na pan - dit.
Fil - let - tes su -
135
Hie

139

F. Nunc, nunc biben-dum, nunc biben-dum et a-man-dum

M. Nunc, nunc biben-dum, nunc biben-dum et a-man-dum

-cré-es Aux ma-lins regards, Vic-

-cré-es, Aux ma-lins regards, Vic-

Nunc, nunc biben-dum, nunc biben-dum et a-man-dum

-cré-es, Aux ma-lins regards, Vic-

139 TUTTI

Cuiv.

143

F. est. Vi-ta brevis fu-gax que

M. est. Vi-ta bre-vis fu-gax que

-toi-re cer-tai-ne Pres de vous m'at-tend.

-toi-re cer-tai-ne Pres de vous m'at-tend.

est. Vi-ta bre-vis fu-gax que

-toí-re cer-tai-ne Pres de vous at-tend

143

147
F
vo_lup_tas. Gau - de - a_mus i - gi - tur, gau_de_
M.
vo_lup_tas. Gau - de - a_mus i - gi - tur, gau_de_
Si grande est la pei - ne,
Si grande est la pei - ne,
vo_lup_tas. Gau - de - a_mus i - gi - tur, gau_de_
Si grande est la pei - ne, Le prix est plus
147
Cuiv.
151
F.
- a - mus, gaude - a - mus, gaude - a - - -
M.
- a - mus, gaude - a - mus, gaude - a - - - -
Le prix est plus grand. Au son des trom_
Le prix est plus grand, le prix est plus grand Au
- a - mus, gaude - a - mus, gaude - a - - - -
grand, le prix, le prix est plus grand.
El. Htb.
151

155
F.
M.
mus!
mus!
pettes, Les bra_ves sol _ dats S'é_lancent aux fê_tes Ou bien aux com_
son des trompet_tes, Les braves soldats S'é _ lancent aux fê_tes Ou
mus!
Au son des trom _ pet_tes, Les braves sol _ dats S'é_lancent aux
155
158
No _ bis sub _ ri _ den _ te lu _ _ nâ,
No _ bis sub _ ri _ den _ te lu _ _ nâ,
bats.
Fil _ let _ tes et
bien aux combats.
Fil
No _ bis sub _ ri _ den _ te lu _ _ nâ,
fê_tes Ou bien aux com_bats.
158
Trp. pons
Trb.
Fl. Htb.

161
F.
M.
vil_les Font les dif_fi _ci _les; Bientôt tout se rend.
_let_tes et vil_les Font les dif_fi _ci _les; Bien_tôt tout se rend.
Fil_let_tes et vil_les Font les dif_fi _ci_les; Bientôt tout se
161
164
71
F.
per ur_bem, quæ_ren _ _tes pu _el _ _las, E _
M.
per ur_bem, quæ_ren _ _tes pu _ el _ _las, E _
Fil_let_tes et vil_les Font les dif_fi _
Fil_let_tes et vil_les Font les dif_fi _
per ur_bem, quæ_ren _ _tes pu _ el _ _las, E _
rend. Fil_let_tes et vil_les Font les dif_fi _
71
164
Pons Trb.Fag.
Bois

167
F.
-a - - mus! Ut cras, for - tu -
M.
-a - - mus! Ut cras, for - tu -
-ci - les; Bientôt tout se rend, Bientôt, bien - tôt tout se rend. Bien-
-ci - les; Bientôt tout se rend, Bientôt, bien - tôt tout se rend. Bien-
a - - mus! Ut cras, for - tu
-ci - les; Bientôt tout se rend. Bientôt, bien - tôt tout se rend. Bien-
167
170
F.
-na - ti Cæ - sa-res, di - ca - - -
M.
-na - ti Cæ - sa-res, dì - ca - - -
-tôt, bientôt tout se rend.
-tôt, bientôt tout se rend.
-na - ti Cæ - sa-res, di - ca - - -
-tôt, bientôt tout se rend. Si grande est la pei-ne, Le prix est plus
170

72
F.
_ mus:
M.
_ mus:
Vil _ les en _ tou _ ré _ es De murs et remparts,
Vi _ les en _ tou _ ré _ es De murs et remparts,
_ mus:
grand. Vil _ les en _ tou_ré _ es De remparts,
Trp.
F.
Ve _ ni, vi _ di, vi _ ci! Gau _ de_a _ mus,
M.
Ve _ ni, vi _ di, vi _ ci! Gau _ de _ a _ mus,
Fil _ let _ tes su _
Fil _ let _ tes su _
Ve _ ni, vi _ di, vi _ ci! Gau _ de_a _ mus,
Fil _ let _ tes su _
TUTTI
Bois

180
F.
gau - de - a - mus, gau - de - a - - mus i - gi - tur!
M.
gau de - a - mus, gau - de - a - - mus i - gi - tur!
- cré - es, Aux ma - lins re - gards, Vic -
- cré - es, Aux ma - lins re - gards, Vic -
gau - de - a - mus, gau - de - a - - mus i - gi - tur!
- cré - es, Aux ma - lins re - gards, Vic -
180
2
Trp.
183
F.
Vi - - ta bre - - vis
M.
Vi - - ta bre - - vis
- toi - re cer - tai - ne Près de vous
- toi - re cer - tai - ne Près de vous
Vi - - ta bre - - vis
- toi - re cer - tai - ne Près de vous
183

186
F.
fu - gax que vo - lup - tas.
M.
fu - gax que vo - lup - tas.
m'at - tend. Si grande est la
m'at - tend. Si grande est la
fu - gax - que vo - lup - tas.
m'at - tend. Si grande est la
186
Trp.
189
F.
73
Gau-de - a - mus, gau-de - a
M.
Gau-de - a - mus, gau-de - a
pei - ne, si grande est la pei
pei - ne, si grande est la pei
Gau-de - a - mus, gau-de - a
pei - ne, si grande est la pei
189
73
pons
Trb.

192
F.
M.
ff
mus!
Nunc,
sf
ne,
Le prix est plus
Nunc bi - ben-dum
pons
Quat.
Timb.
195
nunc,
grand, le prix est plus grand, le prix est plus grand, le prix est plus
et nunc a - man - dum est. Nunc bi - ben - dum et nunc a - man - dum
Quat.

198

F. Gau - de - a - - - mus, gau-de-a - - -

M. Gau - de - a - - - mus, gau-de-a - - -

grand. Le prix, oui, le prix est plus grand, le prix

grand. Si grande est la pei-ne, Le prix est plus grand, le prix

est. Gau - de - a - - - mus, gau - - de -

grand. Si grande est la pei-ne, Le prix est plus grand, le

198

1. Vons

Cuivres

Cordes

Timb.

201

F. - - - mus, gau-de-a - - - -

M. - - - mus, gau-de-a - - - -

est plus grand, oui, le prix est plus

est plus grand, oui, le prix est plus

-a - - - mus, gau - de - a - - -

prix est plus grand, oui, le prix est plus

201

204
74
F.
-mus, gaude a - mus!
M.
-mus, gaude a - mus!
grand, Le prix est plus grand.
grand, Le prix est plus grand.
-mus i - gi - tur!
grand, Le prix est plus grand.
204
74
TUTTI
Bois Quat.
ff
Cors
Trb.
207
F.
M.
207
TUTTI
Bois Quat.

211
TUTTI
3.4.Cors
mf Quat.
216
dim.
poco
a
poco
221
p Fag.
226
sempre dim.
231
pp
ppp
236
1. Vons
Altos
Bse

TROISIÈME PARTIE

27 pons Cors en coulisses

p

Timb.

32

dim.

37

pons Cors Orch.

pp

42

pons Cors coulisses

ppp

47

Timb.

pppp

Scène IX

Chambre de Marguerite. Le soir.

AIR DE FAUST

21
F.
Comme le frais bai_ser d'un ma_tin qui se lè_ve! C'est de l'amour!
Bois
Fl. Clar.
p
pp
sostenuto
26
76
c'est de l'amour! j'es_pè - re...
Bois
poco cresc.
Cor A.
poco f
C.B.
un poco rall.
ppp
29
Oh! comme on sent i_ci S'en_vo_ler le sou_ci! Que
Fl. Clar.
un poco rall.
pp
sostenuto
33
j'ai_me ce si_len_ce, et com_me je res_pire Un air pur!
perdendo
ppp
Bois

38 **a tempo I°**

F. O jeu-ne fil - le! ô ma char-man-te! O ma trop i-dé-

a tempo I° Bois *pp* Bois *poco cresc.*

41

F. -ale a-man - te! Quel sentiment j'é-prou - ve en ce moment fa-

rit.

Cor A. Fl. **rit.** Bois *sf* Quat.

44 *sotto voce*

F. -tal! Que j'aime à con-tem - pler ton che-

Clar. *pp*

47 *ppp* 77 **a tempo I°**

F. -vet vir-gi - nal! Quel air pur je res-

Fl.& 2e Clar. **a tempo I°** *ppp* *poco cresc.* Cor A.

F.
poco f
-pi - re! Seigneur! Seigneur! A-près ce long mar-
Fl. Cl.
Bois
Bois Quat.
poco f
-ty - re, Que de bon-heur! Seigneur! Seigneur!
animando
poco f
Quat.
animando
Bois
pp
cresc.
poco f
A-près ce long mar-ty - re, Que de bon-
molto rit.
Bois Quat.
molto rit.
Bois Quat.
pp
78
Faust, marchant lentement, examine avec une curiosité passionnée l'intérieur de la chambre de Marguerite.
-heur!
a tempo
1. vons
pp

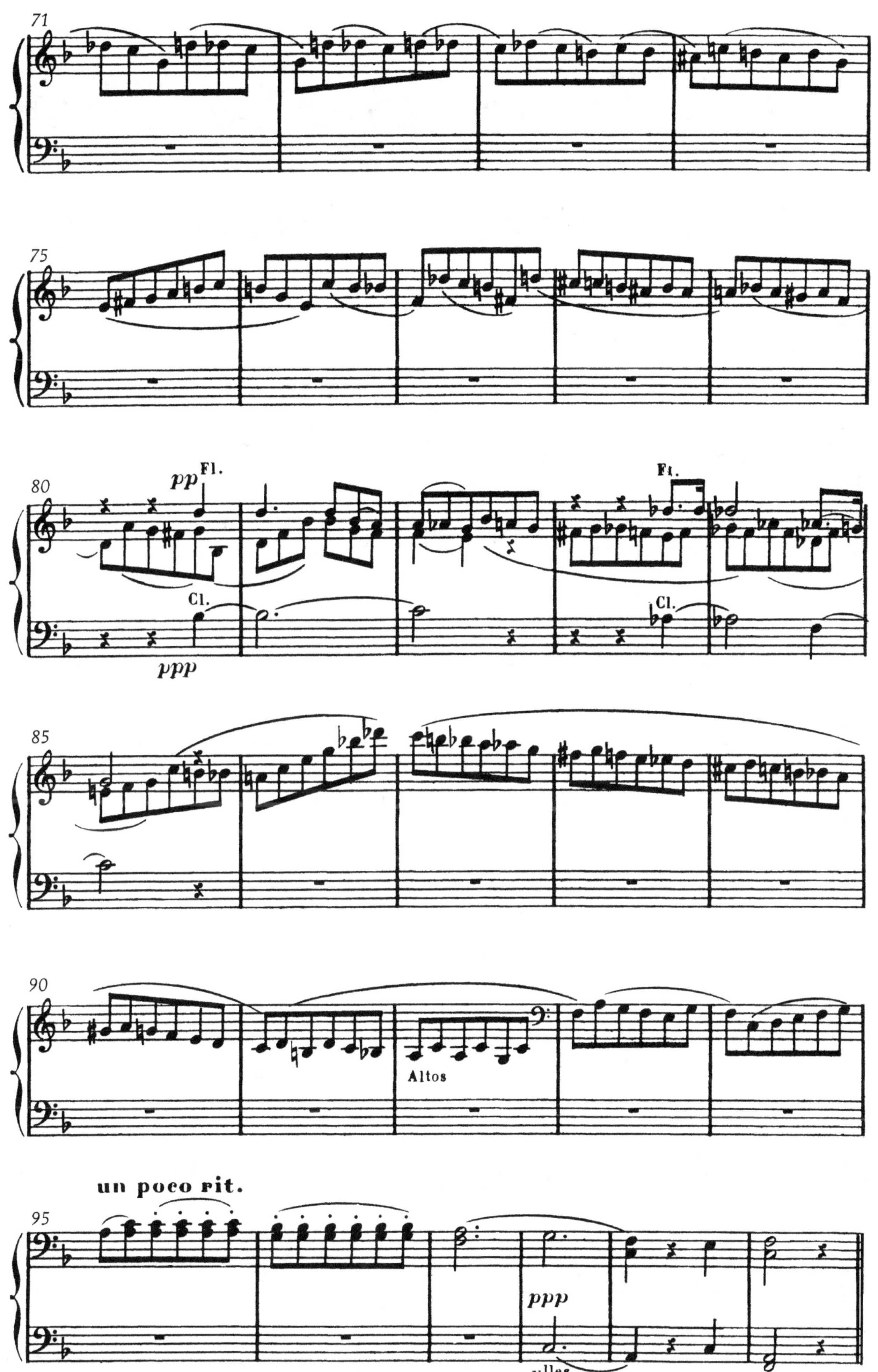
pp
Fl.
Cl.
ppp
Fl.
Cl.
Altos
un poco rit.
ppp
Vlles

Scène X

79
Moderato ♩= 88
Quat.
Cuiv.
f
p
Andno con moto ♩.= 56
pp
Clar.
MEPHIST. (accourant)
Je l'entends!
Clar.
pp
Pizz.
Arco
Pizz.
FAUST sotto voce
Dieu! mon cœur se
Récit
sotto voce
M.
Sous ces ride_aux de soie, Ca_che-toi!
Quat.
suivez
p
F
bri - se dans la joie.
M.
Pro_fi_te des ins_tants, A_dieu! mo_dè_re -
Pizz.
p

Allegro
Il lui montre la porte du jardin.
M.
-toi, ou tu la perds.
Fl. Htb.
Allegro 𝅗𝅥 = 88
p Altos
Quat.
Vlles
Bien! mes Follets et
p
80
moi, nous allons vous chanter un bel é-pi-tha - la-me.
Allegro
Quat.
1. Vons
Allegro 𝅗𝅥. = 72
pp
p Clar.
pp Trb.
Méphistophélès sort.
FAUST Lent. Récit
long
Oh! calme-toi, mon â - me!
Fl.
Lent
p
suivez
long
Clar.
Il sort par la porte du jardin

Z256991

Scène XI

Marguerite entre avec une lampe à la main. Faust est caché dans le jardin.

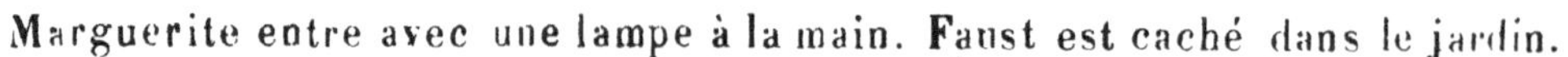

All^{tto} non troppo presto 𝅗𝅥 = 69

Fl
p dolce
Altos
pp
5
Clar.
9
12
15

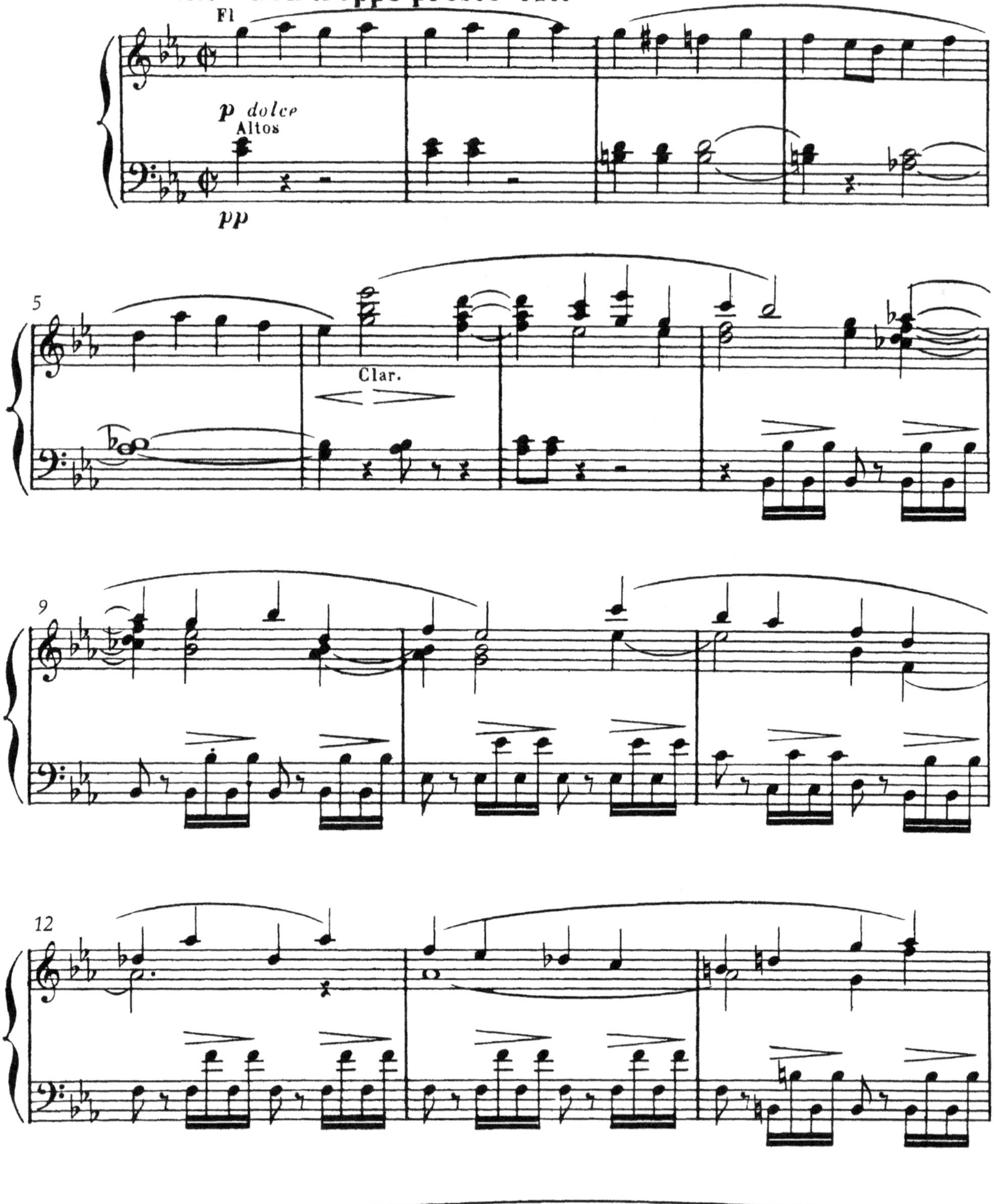

18 MARGUERITE **Récit** 81

Que l'air est étouffant!

Fl.

p

p

Bes *Pizz.*

Altos

Clar.

21

24

27 MARGUERITE 82 **Récit**

J'ai peur comme une enfant!

Fl. Clar.

pp

Bes

30

Mg

C'est mon rê_ve d'hi_

33
Mg
-er qui m'a tou-te trou-blé-e.
Fl. Clar.
Quat.
ppp
36
83
Allegretto
En son-ge je l'ai vu...
lui, mon futur a-
Allegretto
Quat.
pp
Ped.
Vlles
39
Andante
-mant.
Andante ♩.=50
Bois
1.Vons
pp
Quat.
42
Qu'il é-tait beau!
Dieu! j'é-
Fag. Cors
poco f

84
-tais tant ai-mé - e! j'é-tais
1.Vons
ppp
ppp 2 Vons
Altos
Récit
Allegro
tant ai - mé - e! Et com - bien je l'ai-mais!
Allegro
1.Vons
p
Fl.Clar.
2.Vons
sf
pp
Altos
Nous ver-rons-nous ja-
Moderato
-mais Dans cette vi-e?... Fo-li-e!...
Moderato
Fl.Clar.
Quat.
pp
Fl.
p Quat.

LE ROI DE THULÉ (Chanson gothique)

78
Mg
cou_pe d'or ci_se_lé.
Comme el_le ne le quittait
82
guè_re, Dans les fes_tins les plus joy_eux,
Tou_jours u_ne
Fl. Clar.
Alto Solo
sf
Altos
Bes
86
lar_me lé_gè_re
A sa vue hu_mectait
90
86
ses yeux.
perdendo
Alto Solo
p
Fl. Clar.

94
Mg.
Ce prince, à
Altos Bes
f
p
99
la fin de sa vi _ e, Lègue ses vil_les et son or,
Alto Solo
103
Ex_cep_té la cou _ pe ché _ ri _ e Qu'à la main il con_serve en_
Fl.
107
87
_cor.
Il fait, à sa ta_ble roy _ ale, Asseoir ses ba_
Fl.
Alto Solo
sf

111
Mz
-rons.— et ses pairs, Au mi - lieu de l'an - ti - que sal -
Fl. Clar.
Alto Solo
Altos Bes
115
Mz
- - le D'un château que baignaient les mers.—
perdendo
119
88
Mz
Fl.
Alto Solo
p
f
Fl. Clar. Cors
124
Mz
Le buveur se lève et s'a - vance Auprès d'un
p
Altos Bes

129
Mg
vieux bal - con do - ré. Il boit, et soudain sa main
Alto Solo
Fl.

133
89
Mg
lan - ce Dans les flots le va - se sa - cré. Le va - se
Fl.
Alto Solo

137
Mg
tom - be; l'eau bouil - lon - ne, Puis se calme aus - si - tôt a - près. Le vieil -
Fl. Clar
Alto Solo
sf

141
Mg
- lard pâ - lit et fris - son - ne: Il ne boi -
Alto Solo
Altos Bses

145
Elle se laisse tomber dans le fauteuil
Mg
-ra plus dé - sor - mais...
Fl.
Alto Solo
p
149
Autrefois un roi... de Thu-lé...
Clar.
Altos Vlles
p
Alto Solo
Clar..
154
Jusqu'au tom-beau... fut fi - dè -
Alto Solo
Vlles
Cordes
pp
159
(profond soupir)
Marguerite s'endort
- - le... Ah!
Clar.
p
pp
Alto Solo
Bes Pizz.

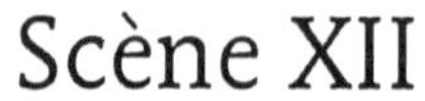

Scène XII

ÉVOCATION

All° mod^to ♩= 104

f Hie sans Flutes

Pizz.

Cl. Fag.

sf pp

90

3.4. Cors

Bes

MÉPHIST. f Récit

Es_ prits des flammes incons_ _tan _ tes, Accou_ _rez! j'ai__besoin de vous.

∧ Hie sans Flutes

f

Bes

Ptes Fl.

mf

Clar. Fag.

p

Bes

De toutes parts, de la terre, des coulisses, du fond, des murs, en un mot de partout apparaissent des feux follets qui voltigent en tous sens sur la scène.

Vons
p
Bois
Bois
Altos
Pizz.
MÉPHIST.
92
Accourez! accou - rez!
Bois Cordes
f Quat.
Cordes
Bois
Cordes
Bois
Cordes
Bois
2. Vons
1. Vons
Cors Quat.

MÉPHIST. Récit
Follets ca-pri-ci-
Clar.
mf
Pizz.
93
M.
-eux, vos lu-eurs malfai-san-tes Vont char-mer une enfant Pizz. et l'amener à
mf
Les feux follets remplissent la scène, dansant autour de Méphistophéles
nous. Au nom du diable, en dan - se!
Fl.
Cl. Fag. Cors Pons Quat.
Fl.
p
Quat.
Et vous, mar-quez bien la ca-
-den - ce, Mé-né-tri-ers d'en - fer, ou je vous éteins tous.
Les follets disparaissent
TUTTI sans Trb. et Fl.
p
f
ff
Quat.

MENUET DES FOLLETS

Moderato ♩=88

95
Cors
Quat.
Fl.
Trp.
pons
Fl
Trte
Hie
Fag. Cors
Trp. Pons
Quat.
96
Bois

94
97
cresc.
p
100
103
106
f
p Bois
97
Clar. Fag.
Quat.
Fl.
mf
p
Cors
Trb.
109
p Quat.
Clar. Fag.
Quat.
mf
Cors
Trb.
Quat.

112
TUTTI
Fl. Htb.
Cl. Fag.
Quat.
Hie
Quat.
Trb.
Cors
116
Clar. Fag.
Fl.
Quat.
Clar. Fag.
Quat.
Fl.
Cors
Trb.
Cors
Trb.
119
Quat.
Cl. Fag.
Fl.
Quat.
Cors
Trb.
122
TUTTI
Fl. Htb.
Clar. Fag.
Quat.
Hie
Quat.
Trb.
126
Cl. Fag.
Fl.
Quat.
98
TUTTI
Fl. Htb.
Cors
Trb.
cresc.
Altos
130
Hie Trp.

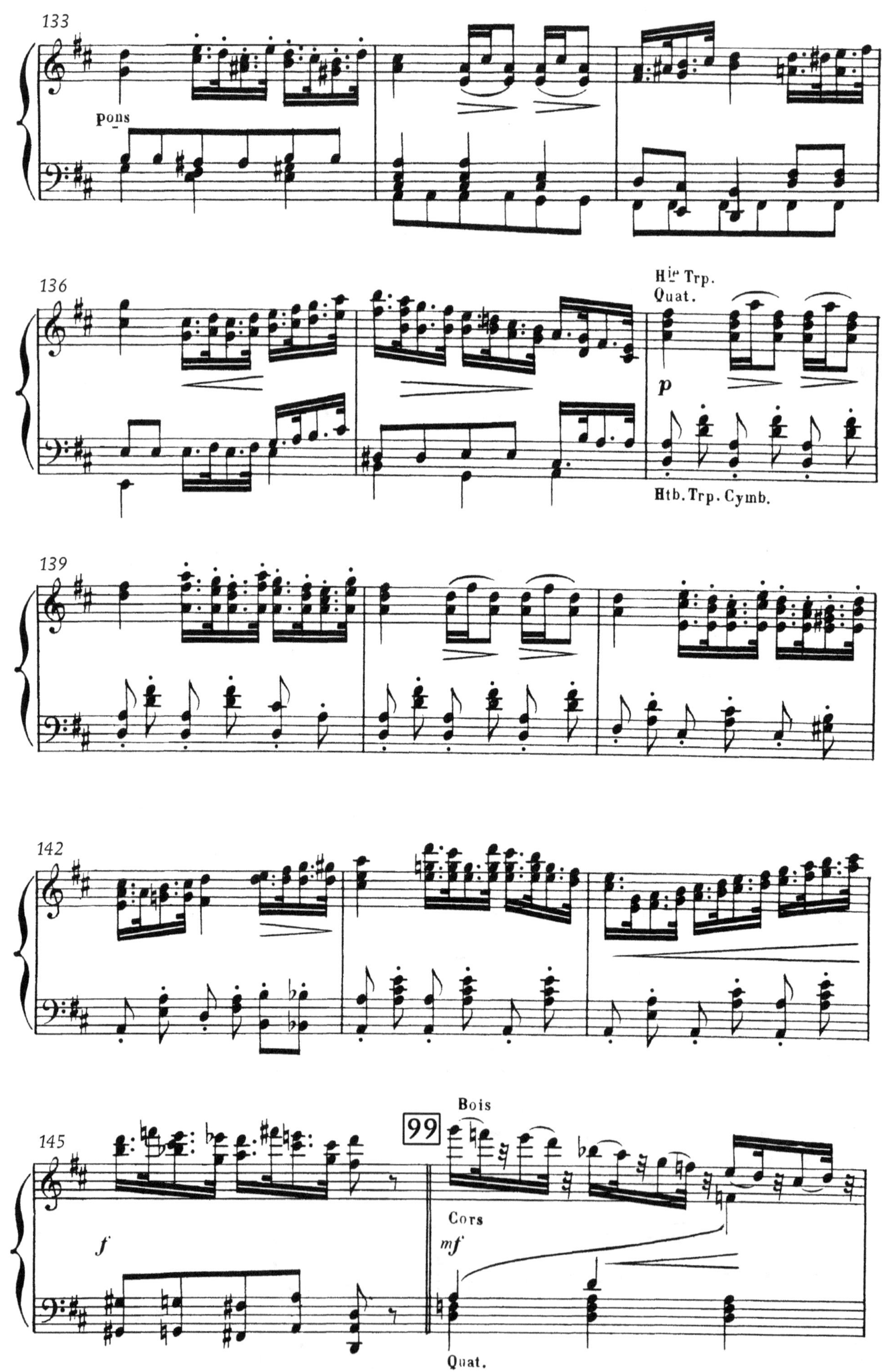
133
pons
136
Hie Trp.
Quat.
p
Htb. Trp. Cymb.
139
142
145
f
99
Bois
Cors
mf
Quat.

147
Fl. Htb. Clar.
sf
Quat.
150
153
Cors
pons
155
Bois
Quat.
158
100
sf
p

161
Quat.
sf p
164
Fl.
Quat.
sf p
sf p
sf p
167
sf p
sf p
Fl.
dim.
170
Quat.
Fl.
sempre dim.
TUTTI
p
173
Fl.
101
ff
pp
Altos
Trg.
Quat.
pp
Cors
176
8
Bois
Cymb

179
Quat.
Cl. Cors
Timb.
182
TUTTI
cresc.
Timb.
Bois
Cors
185
Vons
102
Bois
188
Quat.
Trb.
Pizz.
Trgl.
191
Presto
TUTTI
Bois
leggiero
Cordes
Vlles
195

199
203
207
ff
p
Fag.
211
215
103
Méphistophélès d'un geste fait relever Marguerite
Bois
mf
Quat.
et lui commande d'un signe de disparaître.
219

223
Fag.
Trb.
227
cresc. molto
f
Trb.
230
ff
Moderato
Vons
pp Altos
Presto
Bois
Trb.
f
ff Quat.
233
Moderato
Fl.
Vons
pp Altos
Cordes
236
Presto
Hie
Trb.
f
mf Fl.
Htb.
Fag. Vlles
p
239
1rs Vons
tr
f
p
p
Hie
Trb Quat.

Z256991

104
(Méphistophélès fait le mouvement d'un homme qui joue de la vielle)
243
All° non troppo
MÉPHIST.
Récit
Main_te_nant, Chan_
Quat.
All° non troppo ♩=76
p
mf Altos Vlles
suivez
246
M.
_tons à cet_te belle u_ne chan_son mo_ra_le, Pour la
Quat.
Quat.
Allegretto
248
f
M.
per - - - - dre plus sû_re_ment.
Allegretto ♩=112
Quat.
f
p
f
C.B.
SÉRÉNADE DE MÉPHISTOPHÉLÈS
avec Chœur de Follets
251
All° tempo di Valse
M.
De_vant la mai_son De ce_
Quat. Pizz.
All° tempo di Valse 𝅗𝅥. =72
p
f
simili

255
M.
-lui qui t'a - do - - re, De ce-lui, de ce-
259
M.
-lui qui t'a - do - re, Pe-ti-te Loui-son, Que fais-
263
M.
tu dès l'au - ro - - re? Que fais - tu? que fais-
267
M.
tu? que fais - tu? Au si-gnal___ du plai -

271
M.
ff
-sir, Dans la cham - bre du dril - le Tu peux
275
M.
p
bien ___ en-trer fil - le, Tu peux bien ___ en-trer
279
M.
cresc.
fil - le, Mais non fil - le en ___ sor - tir, Mais
f
283
M.
105
non fil - le en ___ sor - tir.
Fl.
Devant la mai -
f Cl.
Htb.
Fag.

287
M.
_son De ce_lui qui t'a_do - - re, De ce_
Hie Quat. f p
simili
291
M.
_lui, de ce_lui qui t'a_do_re, Pe_ti_te Loui_
295
M.
_son, Que fais-tu dès l'au_ro - - re? Que fais-
cresc.
cresc.
299
M.
tu? que fais-tu? Que fais-tu?
f
106
CHŒUR DE FOLLETS
I. et II. BASSES
Que fais-tu?
106
Fl. Htb. Cl.
ff
f

303

M.

f

Ha!

I. et II. TÉN.

f

(éclat de rire sec et strident)

Ha!

I. et II. BASSES

f

Ha!

303

TUTTI

ff

Bois Cors

p

Quat.

p

307

M.

Il te tend les bras, près de lui. Tu cours vi - te, Tu

simili

311

M.

cours près de lui; près de lui tu cours vi - te.

315

M.

Bonne nuit, hé - las! Ma pe - ti - te, bon - ne nuit, bon - ne

319
M.
nuit, bon - ne nuit, bon - ne nuit, bon - ne nuit!
TÉNORS
p
Bon - ne nuit, bon - ne nuit!
BASSES
p
Bon - ne nuit, bon - ne nuit!
319
323
M.
Près du moment fa - tal, fais gran - de ré - sis -
p
Fais grande résis -
p
Fais grande résis -
323
107
ff
327
M.
- tan - ce, S'il ne t'of - fre d'a - van - ce,
ff
- tan - ce, S'il ne t'of - fre d'a - van - ce,
ff
- tan - ce, S'il ne t'of - fre d'a - van - ce,
327
107
Hie Quat.
ff

331
p
mf
cresc.
M.
S'il ne t'of - fre d'a - van - ce, S'il ne t'offre un an -
pp
S'il ne t'of - fre d'a - van - ce,
pp
S'il ne t'of - fre d'a - van - ce,
331
Quat.
p
cresc.
335
f
M.
- neau con - ju - gal, un an - neau con - ju -
f
un an - neau con - ju -
f
un an - neau con - ju -
335
f Fag.
Cors
339
108
M.
- gal.
Il te tend les
- gal.
- gal.
Il te tend les bras Près de lui tu cours.
339
108
Fl.
f Clar. Htb.
mf
Quat.
Fl.
Clar.
p
mf
Fag.
Fag.

343

M. bras. Près de lui tu cours vi - te, tu

p Près de lui tu cours vi - te, Il

p Près de lui tu cours vi - te, Il

343 Quat.

p Fag. Cors

simili

346

M. cours près de lui. Près de lui tu cours

te tend les bras. Près de lui tu cours

te tend les bras. Près de lui tu cours

346

349

M. vi - te. Bon-ne nuit, hé - las! Ma pe -

vi - te, tu cours, tu cours vi - te. Bon -

vi - te, tu cours, tu cours vi - te. Bon -

349

Trb.

352

M. -ti - te, bon - ne nuit, bon - ne nuit, bon - ne

-ne nuit, hé - las! Bon - ne nuit, ma pe -

-ne nuit, hé - las! Bon - ne nuit, ma pe -

352

cresc.

355 cresc.

M. nuit. bon - ne nuit, *ff* bon - ne nuit!

109

cresc.

-ti - te, bonne nuit, *ff* bon - ne nuit!

cresc.

-ti - te, bonne nuit, *ff* bon - ne nuit!

355

109

Bois

cresc. *ff* *f*

1. Trb. Fag.

Istesso tempo

359

sotto voce

M. *ff* Ha! -Chut! dis-pa-rais-

ff Ha!

ff Ha!

359

Hie Quat.

Istesso tempo

ff TUTTI *f*

110
363
M.
-sez!
Les Follets disparaissent.
1rs vons
p
2ds vons
Altos
Vlles
C.B.
366
Vlles
368
M.
Si-len
dim.
perdendo
370
M.
-ce!...
Allons voir roucou - ler nos tourtereaux.
Quat.
ppp
pp
Cordes
long.
Altos

Scène XIII

DUO

Andante
FAUST
p a mezza voce ed appassionato assai
Ange a_do_ré dont la cé_leste i_ma_ge, A_
Andante ♩=56
p Quat. Sourdines
F.
_vant de te con_naî_tre, il_lu_minait mon cœur, En
_fin je t'a_per_çois, et du ja_loux nu_a_ge Qui te ca_
_chait en_cor mon amour est vainqueur.
3.4. Cors

Z256991

112
MARGUERITE
Tu sais mon nom! Moi-
F.
Margueri - te, je t'ai - me!
-mê - - me, J'ai sou-vent dit le tien:
(timidement)
Faust!
FAUST
Ce nom est le mien; un au - tre le se-
Bois
-ra, s'il te plaît da-van - ta - ge.
En son - ge je t'ai

47
Mg.
vu
tel que je te re-vois. Je re-con-
F.
En son-ge...
tu m'as vu?...
Clar.
p
Clar.
50
-nais ta voix, Tes traits, ton doux lan-
Fl.
IIie Clar.
53
-ga-ge....
FAUST
Et tu m'ai-mais?
poco cresc.
p
56
poco rit.
A tempo
Je... t'at-ten-dais.
Ma tendresse ins-pi-
Marguerite a-do-ré-e!
poco f
p
Quat

59
un poco rit.
A tempo
Mg.
-rée E - tait d'a - vance à toi.
F.
Margue - ri - te est à
Hie
Quat.
p
f
Quat.
61
113
Mg.
Mon bien - ai - -
F.
moi!
Fl. Clar.
pp
63
Mg.
-mé, ta noble et douce i -
F.
Ah!

65
Mg.
ma - - ge, Mon bien - ai -
F.
Ange a - do -
65
Quat.
pp
67
Mg.
mé, ta noble et douce i -
F.
ré dont la cé - leste i -
67
69
Mg.
ma - - ge, A - vant de te con -
F.
ma - - ge, A - vant de te con -
69

71
Mg.
-naî - tre, il - lu - mi-nait mon
F.
-naî - tre, il - lu - mi-nait mon
71
73
Mg.
cœur. En - fin je - t'a - per -
F.
cœur. En - fin je t'a - per -
73
75
Mg.
-çois, et du jaloux nu - a - ge Qui te ca -
F.
-çois, et du jaloux nu - a - ge Qui te ca -
75

78
Mg.
-chait en - cor
F.
-chait en - cor
78
80
Mg.
ton a-mour est vain-queur,
F.
mon a-mour est vain-queur,
80
Cors
114
82
Mg.
ton a-mour est vainqueur,
F.
mon a-mour est vainqueur,
114
Fl. Htb.
Fag.
Clar.
82
f
Quat.

84
un poco animato
Mg.
est
vainqueur.
F
est
vainqueur.
Mar - gue -
84
un poco animato
Bois
Quat.
p Quat.
f
p
87
Mg.
Je ne sais quelle i - vres - se
F.
- ri - te! ô ten - dres - se!...
Cè -
87
p
f
p
91
Mg.
Dans ses bras,
dans ses
F
- de à l'ar - dente i - vres - se Qui vers toi,
qui vers
91

115
Mg.
bras me con-duit!
Faust la prend dans ses bras.
(avec élan)
F.
toi m'a con-duit! Mar-gue-ri-te! Ô ten-
Bois
Cor
Je ne sais quelle i-vres-se,
-dres-se!...
Cè-de
Bois
Cor
Brû-lante, en-chan-te-
à l'ar-dente i-vres-se
Cor
Bois
Clar.

103
116
M.
-res - se, Dans tes bras me con - duit! Quelle lan - gueur s'em -
F.
Qui vers toi m'a con - duit! ___
Hie Quat. 1. Vons
pp
ppp
107
-pa - - re de mon ê - tre!..
Au vrai bon -
la m.d. smorz. poco a poco
Bois
Quat.
simili
la m.g. cresc. poco a poco
109
-heur dans mes bras tu vas
dim.

111
MARGUERITE
Dans mes yeux... des
F.
naî - tre... Viens!.. Viens!
111
sempre dim.
Bois
Bois
sempre cresc.
113
Mg.
pleurs... Tout s'ef - fa - ce... je
F.
Viens! Viens! Viens!
113
Bois
Bois
115
Mg.
meurs... Tout s'ef -
F.
Viens!
115
Bois

116
Mg.
fa - - - - - - ce...
Clar. Fag.
perdendo
6
6
6
6
cresc.
molto
117
Mg.
Ah!
je
FAUST
Viens!
117
Clar. Cors
6
6
6
118
Mg.
meurs!
6
Clar.
6
6
Quat.
6
6
6
sf
p
120
6
cresc.

Scène XIV

TRIO ET CHŒUR

Mg
_chi _ re le cœur! __
MÉPHIST.
Sans dou _ te je de _ ran _ ge...
FAUST
Qui t'a per _ mis d'en _ trer?
M.
Il faut sauver cet an _ ge!
M.
De _ jà tous les voi _
Bois
Cors
p
M.
_sins, é _ veil _ lés par nos chants, Ac _
Bois
Cors

28
M.
_cou _ _ rent dé _ si _ gnant la mai_son aux pas _ sants.
Bois
Cors
31
M.
En rail_lant Margue _ ri _ te, ils ap _ pel_lent sa
Bois
Cors
34
FAUST
Que fai _ _
M.
mè _ re. La vieil _ le va ve _ nir...
34
Bois
poco f
Cors
Fag.
37
F.
_ _ _ re? Dam_na _ ti _
M
Il faut par _ tir.
37
Bois
Bois
più f
Cors
Cors

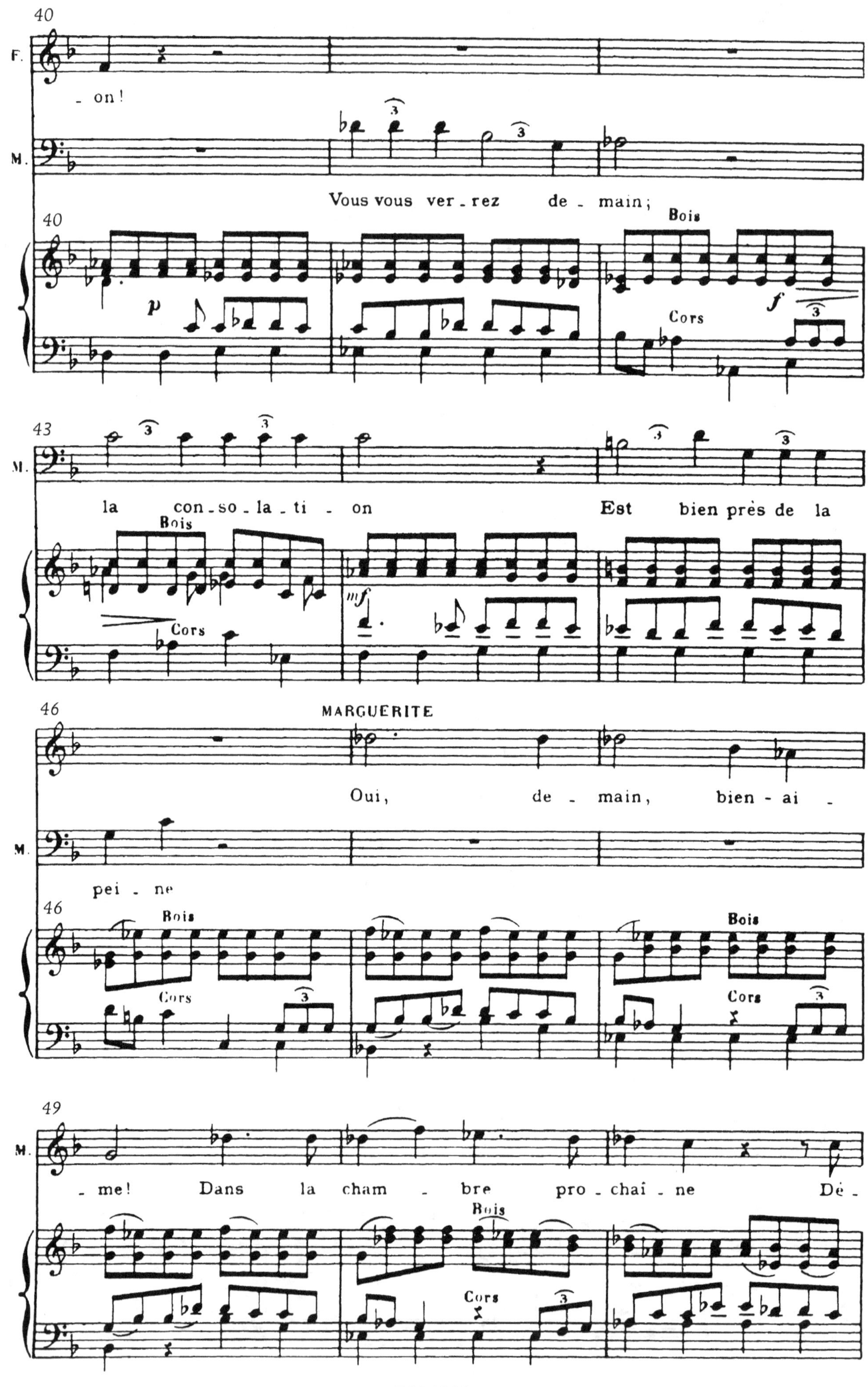
40
F.
- on!
M.
Vous vous ver - rez de - main;
40
Bois
p
f
Cors
43
M.
la con - so - la - ti - on Est bien près de la
Bois
Cors
mf
46
MARGUERITE
Oui, de - main, bien - ai -
M.
pei - ne
46
Bois
Cors
Bois
Cors
49
M.
- me! Dans la cham - bre pro - chai - ne Dé -
Bois
Cors

52
118
Mg.
-jà j'entends du bruit...
Bois
4e Cor.
f Cors
55
FAUST
A - dieu donc, bel - le nuit, —
Hie Quat.
Hie Quat.
p
61
F.
— A pei-ne com-men - cé - e! A - dieu, fes - tin d'a -
Quat.
ppp
68
119
F.
- mour Que je m'é - tais pro - mis! —
MÉPHIST.
Par - tons, voilà le
68
119
Clar. Fag. Cors

74
Des voisins envahissent la scène en gesticulant.
F.
Te re - ver - rai-je en - cor,
M
jour!
Fl.
Quat.
mp
79
F
heu - re trop fu-gi - ti - ve, Où mon â - me au
86
F.
bonheur al - lait en - fin s'ou - vrir, Où mon
Quat.
93
F.
âme au bon - heur al - lait en - fin s'ou - vrir,

120
F.
Où mon âme au bon - heur al - lait en - fin s'ou -
Bas
Quat.
ppp
Clar.
Quat.
- vrir, Où mon âme au bon - heur al -
rit.
rall.
- lait en - fin, al - lait en - fin s'ou - - vrir, al -
Fl. Htb.
poco cresc.
3e Cor
poco
121
a tempo
- lait en - fin s'ou - - vrir!
TÉNORS
CHŒUR DE VOISINS DANS LA RUE
Ho - là mère Oppen -
BASSES
Ho - là mère Oppen -
3.4. Cors
Vons
Clar. Fag.
Cors Pons
Vlles

122
MÉPHIST.
La foule ar - ri - ve:
- heim! vois ce que fait ta fil - le! L'avis n'est
I. BASSES
- heim! vois ce que fait ta fil - le!
II. BASSES
- heim! vois ce que fait ta fil - le! L'avis n'est
122
Clar.
Fag.
Cors
126
Hâtons-nous de par -
SOPRANOS
Un galant est dans ta mai - son,
pas hors de sai - son: Et
Un galant est dans ta mai - son, Et
pas hors de sai - son, n'est pas hors de sai - son,
126
H.ie pons
1. Cor
Quat.
Trb.

130
M.
- tir!
TÉNORS
tu ver - as dans peu s'ac - croî - tre ta fa - mil - le.
BASSES
tu ver - ras dans peu s'ac - croî - tre ta fa - mil - le.
130
Cordes
133 122
MARGUERITE
Ciel! Ciel! entends-tu ces
SOPRANOS
Holà! Holà!
TÉNORS
Holà! Holà!
I. BASSES
Holà! Holà!
II. BASSES
Holà! Holà!
122
133 TUTTI
ff
137
Mg
cris? Devant Dieu, je suis mor - te Si l'on te trouve i -
Fl. Cl.
p
f Timb.

141
Mg
- ci!
FAUST
O fu - reur!
MÉPHIST.
Viens! on frappe a la por - te. O sot -
141
Quat
Timb.
144
Mg
Adieu! A - dieu! Par le jar - din Vous pou -
M.
- ti - - se!
144
147
Mg
- vez é - chap-per.
FAUST
O mon ange, à de - main!
M
A demain, à de -
Htb. Clar.
147

150
M.
-main!
Fl.
f
153
TUTTI
TUTTI
Cors
f
Fag.
C.B.
157
123
L'Istesso tempo
MARGUERITE
O mon Faust,
FAUST
con fuoco
cresc.
Je connais donc en-fin tout le prix de la vi-e!
MÉPHIST.
mf
Je puis donc te traî-ner dans la vi-e,
157
123
L'Istesso tempo
♩. = 116
mf Altos con fuoco
cresc.
Bes
161
F.
Le bon-heur m'ap-pa-rait;
M.
Fier es-prit! Le moment ap-pro-che,
161
Vons
mf
p

MARGUERITE
Coupure facultative pour le théâtre
O mon Faust!
il m'appel - le et je vais, je vais le sai - sir.
le moment ap - pro - che où je vais te sai - sir.
TUTTI sans Trb.
Je te don - ne ma vi - e!
L'a - mour s'est em - pa - ré de mon â - me ra - vi - e
Sans com - bler ton dé - vorant dé - sir, La - mour en t'en - i - vrant dou - ble - ra ta fo - li - e,
Quat.
Bois
3e Cor
Fl.
1. vons

177

Mg. L'a - mour s'est ___ em - pa - ré ___ de mon â - - - - -

F. L'a - mour s'est ___ em - pa - ré ___ de mon â - - - - -

M. L'a - - - - - mour ___ en t'en - i - vrant ___

177

Bois

p cresc. sf p cresc.

3e Cor

181

Mg. - me ra - vi - e.

F. - - - - - - - - - - me ra - vi - e.

M. dou - - ble - ra ta fo - li - e,

Fl. 1. Vons

181

185

Mg. Il m'en - traî - - ne,

F. Il com - ble - ra bien-tôt mon dé - vo -

M. Et le mo - ment ap - pro - - che,

Clar. Clar.

185

fp cresc fp cresc

188
Mg
il m'en _ traî - - - - ne!
Te per - - - -
F.
- rant dé _ sir,
Il com _ ble _ ra bientôt
M.
Et le mo _ ment ap _ pro - - - - che
où je vais te sai -
188
Clar.
fp
191
Mg
- - - - - dre,
c'est mourir!
124
F.
mon dé - vo - rant dé _ sir.
M.
- sir,
où je vais te sai _ sir.
191
Clar.
fp
cresc.
124
194
Mg
F.
M.
194
TUTTI
p cresc. molto
ff

197
Mg.
O mon Faust bien - ai - mé, je
F.
Je connais donc en - fin tout le prix de la vi - e,
M.
Je puis donc, à mon gré te traî - ner dans la vi - e,
Fl. Htb.
Quat.
cresc.
201
te don - ne ma vi - - -
Le bon - heur m'ap - pa - raît,
Fier es - prit Le moment ap - pro - che,
Cors pons
205
un poco animando
-e! O mon Faust!
il m'appelle et je vais, je vais le sai - sir.
le moment ap - pro - che où je vais te sai - sir.
Htb. Fag.
Trb.

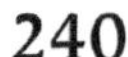

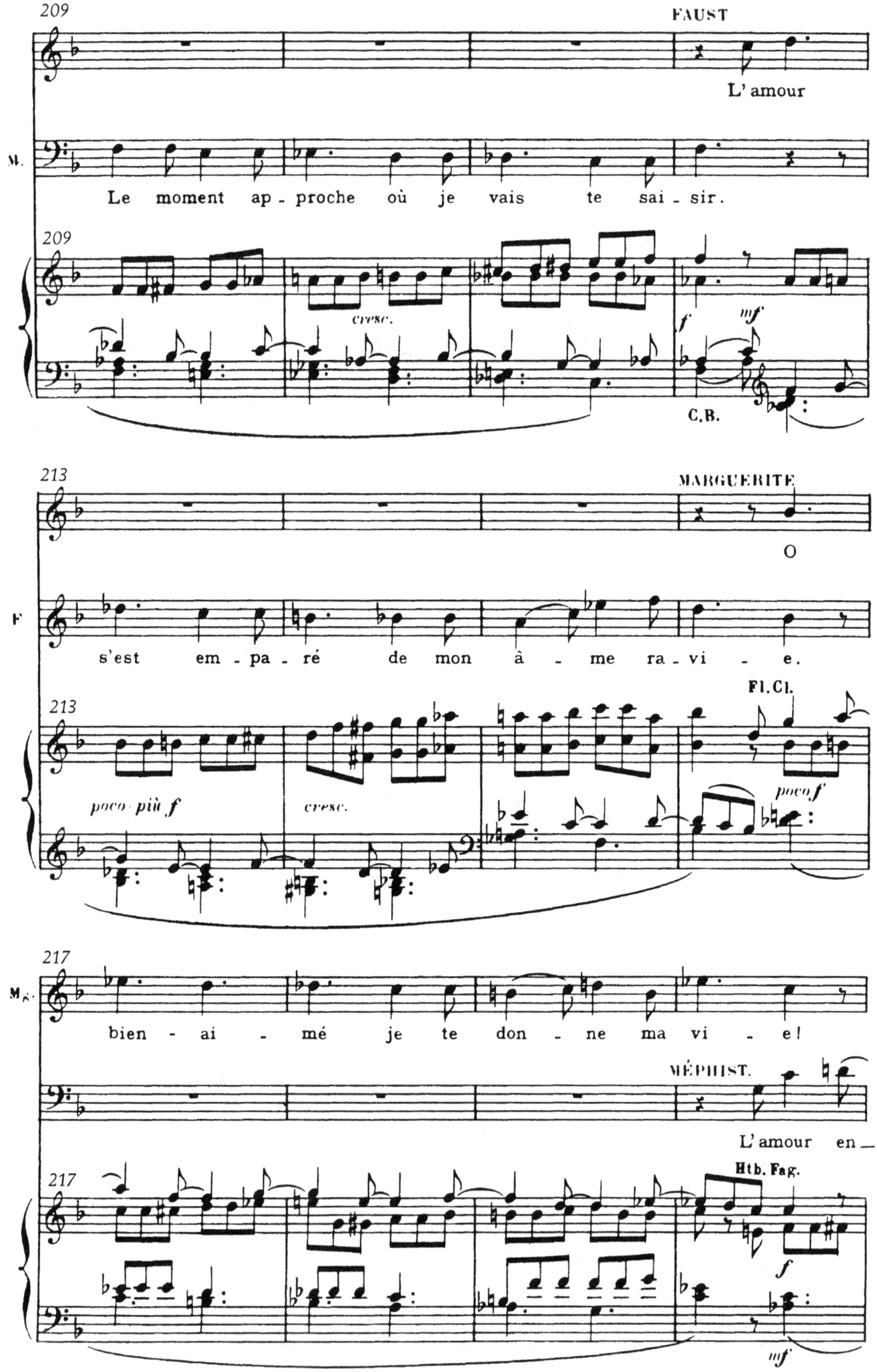
209
FAUST
L'amour
M.
Le moment ap - proche où je vais te sai - sir.
209
cresc.
f
mf
C.B.
213
MARGUERITE
O
F
s'est em - pa - ré de mon â - me ra - vi - e.
Fl. Cl.
213
poco più f
cresc.
poco f
217
M.
bien - ai - mé je te don - ne ma vi - e!
MÉPHIST.
L'amour en _
Htb. Fag.
217
f
mf

221
FAUST
L'amour s'est em - pa -
M
t'en - - i - vrant dou - ble - ra ta fo -
221
224
MARGUERITE
Il m'entrai - - ne vers toi. Ah!
F.
-ré de mon â - - - me; Il com - ble - ra, il
M
-li - e, Et le moment appro -
Violons
Fl. Cl.
224
f
ff
3.4. Cors
229
Mg.
te per - - dre, te per - dre, c'est mou -
F.
com - ble - ra mon dé - vorant dé - sir Il
M.
-che où je vais te sai - sir Oui, le moment ap -
229
f Bois
p
cresc.

234
Mg.
-rir! L'a-mour s'est em-pa-ré de mon
F.
com-ble-ra mon dé-vorant dé-sir. L'amour s'est empa-ré de mon
M.
-pro-che où je vais te sai-sir. Oui, le moment ap-
pons
vons
ff
p
Fl.
TUTTI
Ped.
238
â - - - me ra - - vi - e, Oui, mon
â - - - me ra - - vi - e
proche où je vais te sai-sir, où je vais te sai-
f
p
Fl
Fag.
B
242
Faust, de mon â - - - me ra -
L'amour s'est empa-ré de mon â - - - me ra -
-sir. Oui, le moment ap-proche où je vais
ff
p
Fl.
f
p
TUTTI
Ped.

246
Mg.
vi - e; Il m'en - traî - ne vers
F.
vi - e; Il com - ble - ra bientôt mon dé -
M
te sai - sir, où je vais te sai -
246
Quat.
250
125
Mg.
toi: Te per - dre, c'est mou - rir!
F.
-sir.
M.
-sir.
Un galant est dans ta maison, Et tu verras dans peu s'ac -
Un galant est dans ta maison, Et tu verras dans peu s'ac -
Un galant est dans ta maison, Et tu verras dans peu s'ac -
Un galant est dans ta maison, Et tu verras dans peu s'ac -
125
250
TUTTI
TUTTI
Hie
TUTTI

254
Mg.
F
M.
Te per - dre, te per - dre, c'est mourir,
Il com-ble-ra bien-tôt mon dé-vo-rant dé-
Le moment ap-pro - che où je vais
-croî-tre ta fa - mil - le.
-croî-tre ta fa - mil - le.
-croî-tre ta fa - mil - le. Ho-là! Ho-là!
-croî-tre ta fa - mil - le. Ho-là! Ho-là!
Hie Cuiv.
Quat.
258
c'est mourir, c'est mou - rir! Te per - - -
-sir, Oui, bien - tôt mon dé-vo - rant dé-
te sai-sir, où je vais te sai-sir. Oui, le mo-ment ap-
Ho - là! mère Oppenheim!
Ho - là! mère Oppenheim!
Ho-la! mère Op - penheim! Vois ce que fait ta
Ho-la! mère Op - penheim! Vois ce que fait ta
Fl. Htb.
Quat.
TUTTI

Z256991

262
Mg.
-dre, ah! c'est mou - rir! Ah!
F.
-sir, oui, bien - tôt, Ah!
M
proche où je vais te sai-sir, Ah!
Ah! ah! ah! ah! ah! ah! ah! ah! ah! ah! ah!
Ah! ah! ah! ah! ah! ah! ah! ah! ah! ah! ah!
fil - le! Ho-là! Ah! ah! ah! ah! ah! ah! ah! ah! ah! ah! ah!
Unis
fil - le! Ho-là! Ah! ah! ah! ah! ah! ah! ah! ah! ah! ah! ah!
262
268
Mg.
Oui, te per - dre, c'est mou-
F.
Il com - ble - ra mon dé-vo - rant dé-
M.
Où je vais, je vais te sai-
ah! Ho-là! mère Oppenheim! Ho-
ah! Ho-là! mère Oppenheim! Ho-
ah! Ho-là! mère Oppenheim! Ho-
ah! Ho-là! mère Oppenheim! Ho-
268
Quat.
Quat.
Timb.
TUTTI
TUTTI
Z256991

272
Mz.
-rir !
F.
-sir.
M
-sir.
-là !
-là !
-là !
-là !
TUTTI
272
ff
Clar. Fag.
Pons
Quat.
TUTTI
278
284

QUATRIÈME PARTIE

Scène XV

ROMANCE

Marguerite seule

17
Mg.
â - me A donc fui pour tou-jours, a
20
poco rit.
Tempo I. un poco più animato
donc fui pour tou-jours! Son dé-part, son ab-
poco rit.
Tempo I. un poco più animato
Fl. Clar.
24
-sen - ce Sont pour moi le cer-cueil, Et,
Bois
28
loin de sa pré-sen - - ce, Tout me pa-raît en
Fl. Clar.
Cors
Cor A.
32
127
deuil. A - lors ma pau-vre tê - te Se dé-range bientôt; Mon
Cor A.
fp
fp
fp
fp

Mg.
fai - ble cœur s'ar - rê - - - te, Puis se gla - - - ce aus - si - tôt.
rit.
Clar.
fp
poco f
Cor A.
p
Altos
2. Vons
1 Vons
Bes
128
Tempo I.
Cor A.
poco f
dim.
ppp
pp
poco rit.
MARGUERITE
Sa mar - che que j'ad - mi - - re, Son port si gra - ci -
Tempo I.
1rs Vons
Quat.
p
Bes

Mg.
-eux,
Sa bouche au doux sou-
Cor A.
-ri - re,
Le char - me de ses
Fl.
yeux,
Cor A.
Clar.
Sa voix en - chan - te -
129
poco f
p
-res - se
Dont il sait m'em - bra -
Fl.
-ser,
De sa main, de sa main la ca - res -

65 Mg

-se, Helas! ___ et son bai - ser, D'une

Bois

f p cresc.

68 Mg.

a - moureu - se flam - me, Con - su - ment mes beaux jours! Ah! la

p Quat. Fl. Cor A.

72 Mg

paix de mon â - me A donc fui pour tou - jours, A

Fl. sf Fl. Clar.

76 rall. Piu animato Mg.

donc fui pour tou - jours! Je

rall. Piu animato ♩=96 Quat. agitato (sempre simili) (sempre simili)

79 Mg.

suis à ma fe - nê - tre, Ou de - hors, tout le

82
Mg.
jour: C'est pour le voir pa - raî_tre Ou hâ -
85
-ter son re - tour. Mon cœur bat, mon cœur
Cor A. Cors cresc.
88
bat et se pres_se Dès qu'il le sent ve -
91
-nir. Au gré de ma ten - dre_se Puis - je
130
Fl.
Ped.
94
le re - te - nir!
rit.
Lento. appassionato assai
sf
O ca_res - ses de
Clar.
Cors
sf p

97
Mg.
flam_me! Que je vou_drais un jour Voir s'ex_ha_ler mon
Quat.
Bois Cors
pp p sf
C.B.
101
Mg.
â_me Dans ses bai_sers d'a - mour, Voir s'ex_ha_ler mon
Quat.
Bois
Cors
pp p sf
105
poco rit. a tempo
131
Mg.
â - me Dans ses bai_sers. dans ses bai_sers d'a_
poco rit. a tempo
Cor A
p Quat.
mf p pp
108
Mg.
_mour!
Vons
110
Cor A.

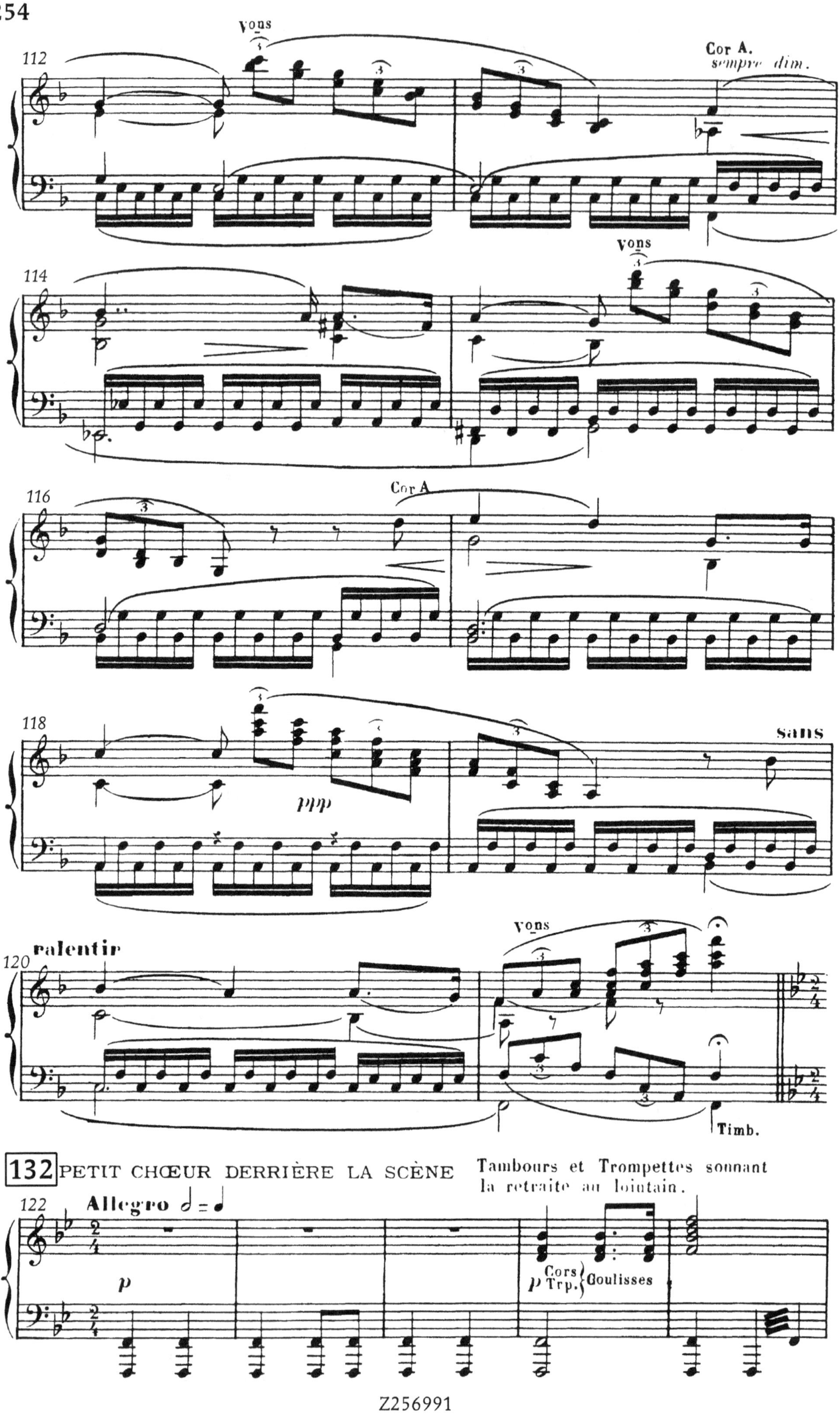

112 vons

Cor A. *sempre dim.*

114 vons

116 Cor A

118 *ppp* sans

120 ralentir vons Timb.

132 PETIT CHŒUR DERRIÈRE LA SCÈNE

Tambours et Trompettes sonnant la retraite au lointain.

122 **Allegro** 𝅗𝅥 = ♩

p

p Cors / Trp. } Coulisses

127
cre - scen - do
132
poco a poco
f
136
I. TÉN. mf
Au son des trom_pet_tes, Les bra_ves sol_dats
II. TÉN. mf
Au son des trompet_tes, Les bra_ves sol_dats
I. et II. BAS. mf
Au son des trom_pet_tes, Les braves sol_dats
136
140
MARGUERITE
Bien_
cresc.
S'é_lancent aux fê_tes Ou bien aux com_bats.
cresc.
S'é_lancent aux fê_tes Ou bien aux combats.
cresc.
S'é_lancent aux fê_tes Ou bien aux com_bats.
140
dim.
poco
p

144

Mg. -tôt la ville en - tiè - re au re -

a poco p

148

Mg. -pos va se ren - - dre.

p Si grande est la pei - ne

p Si grande est la pei - ne

p Le prix est plus

p Le prix est plus

148

p

152

Le prix est plus grand.

Le prix est plus grand le prix est plus grand.

grand, le prix, le prix est plus grand.

grand, le prix, le prix est plus grand.

152

pp

155
Mg.
Clai - rons, tam - bours du soir
155
dim. sempre
159
Mg.
dé - jà se font en - ten - dre
163
M
A - vec des chants joy - eux,
ppp

167
Mg
Comme au soir où l'a_mour
sempre dim.
171
Mg
of_frit Faust à mes yeux.
II.TÉN (dans le lointain) mf
Jam nox stella_ta,
171
pppp
176
Mg
Il ne vient
nox stella_ta ve_la mi_na pan_dit.
176
180
Mg
pas!
Per ur_bem quœ ren_tes pu_el_las e_
I.BASSES
Per ur_bem quœ ren_tes pu_el_las e_
180

184
Mg
Il ne vient pas!
-a - mus.
-a - mus.
184
190
Andante (une mesure de ce mouvt équivaut à 3 mesures du mouvt précédt)
Hé -
Cor A.
Andante
pp
pp
Quat. Pizz.
195
-las!
pp
Hé -
sempre dim.
199
Elle sort.
Changement à vue.
long
-las!
long

Scène XVI

Forêts et Cavernes

INVOCATION A LA NATURE

16
F.
à mon en_nui sans fin.
Bois
Quat.
poco f
sf
18
Sur ton sein tout-puissant je sens moins ma mi_
Quat.
Bois
p
cresc. poco a poco
134
21
cresc.
f
_sè_re, Je re_trou_ve ma for - - ce;
p
Quat.
cresc.
sf TUTTI sans Trb.
sf
24
un poco rit.
a tempo
et je crois vivre en_fin.
Bois
Quat.
un poco rit.
a tempo
Quat.
p

26
F.
Oui, soufflez, ou-ra-gans! Cri-
sf
p
Clar.
p
Fag.
sf
28
135
-ez, forêts pro - fon - des! Crou-
Bois
Quat.
f
p
p
sf
30
-lez, croulez, ro - chers! Tor-
sf
p
p
sf
32
-rents, précipitez vos on - des!
Bois
Clar.
sf
p
p
sf

un poco allarg.
cresc.
A vos bruits souverains ma voix
un poco allarg.
Bois
Quat.
Cors
Trp.
a tempo
ai - - me a s'u - nir.
Trp.
a tempo
f
sf
f
Fo - rêts, ro -
Quat.
pp
Bois
Fag.
- chers, tor - rents, je vous a
Clar.
Trb.

136
F.
- do - re! Mon - des, Qui scin-til - lez, vers
Fl.
sf
Fag.
vous s'é-lan - ce le dé - sir
cresc.
un poco rit.
Fl. Htb.
D'un cœur trop
pp
vas - te et d'une âme al - té - ré - e D'un bon-heur qui la
f TUTTI sans Trp.
dim.
a tempo
fuit.
p
Hle Quat.
dim.

Scène XVII

RÉCITATIF ET CHASSE

M.
_tant en un ca_chot traîné _ e, Et pour un par_ri_cide à la mort condam_
3e Cors
poco f
Allegro
FAUST f
Quoi!
M.
_né _ e...
Récit
J'entends des chas_
Allegro
p 1.2. Cors
F.
Mesuré
A _ che _ ve! Qu'as-tu
M.
_seurs qui par_cou_rent les bois.
Allegro
Cors
poco f
F
dit?
Margue _ rite en pri_son!..

Récit
22 MÉPHIST. (posément)
M.
Cer_tai_ne liqueur bru_ne, un in_no_cent poi_son, Qu'elle te_nait de
25
toi pour en_dor_mir sa mè_re Pendant vos nocturnes a_mours, A causé tout le
28
mal! Ca_res_
Allegro
pp
32 Récit
_sant sa chi_mè_re, Tat_ten_dant cha_que soir, elle en u_sait tou_
34
Mesuré
jours Elle en a tant u
Allegro
p

Récit
M.
- sé Que la vieille en est mor - te. Tu comprends maintenant!..
suivez
FAUST
Feux et ton-ner - re
Mesuré
M.
En sor - te Que son a-mour pour
Allegro
(avec fureur)
Récit
F.
Sauve - la, Sauve - la, mi-sé-ra - ble!
M.
toi la conduit...
M.
Ah! je suis le coupa-ble! On vous re-connaît là, Ri-di-cu - les hu-

48
M.
_ mains!
N'im _
Allegro
f
52
Récit
_ por_te! Je suis le maître en_cor de t'ouvrir cette por_te!
Allegro
p
56
Récit
Mais qu'as-tu fait pour moi Depuis que je te
59
FAUST
Qu'ex_i_ges - tu?
138
sers? De toi? Rien qu'u_ne si_gna_tu_re
p
1.2. Cors

M.
Sur ce vieux parchemin. Je sauve Marguerite à l'instant, Si tu
ju - res, Et si - gnes ton ser - ment De me ser - vir demain!
1.2. Cors
pp
FAUST
Eh! que me fait DEMAIN quand je souffre à cette heu - re! Don - ne!
Faust signe.
Mesuré
F.
Voi - là mon nom! Vers sa sombre de - meu - re Volons
Allegro
ppp
pp
2. Cor
1 Cor
cresc.
3.4. Cors
donc maintenant! O dou - leur in - sen -
1.2. Cors
f
pp

76
F.
_ sé _ e! Margue _ ri _ te, j'ac _ cours!
Cors
ppp
80
Récit
MÉPHIST.
A moi, Vortex! Giaour!
139
Allegro ♩=152
84
1
pp Vons
Vlles Pizz.
87
Récit
MÉPHIST.
M.
Sur ces deux noirs chevaux, prompts comme la pensé _ e, Mon_
ff
suivez
89
M.
_ tons, et au ga _ lop! La jus _ tice est pres _ sé _ e.
Vons
f
Vlles

Scène XVIII

LA COURSE A L'ABÎME

Faust et Méphistophélès galopant sur deux chevaux noirs

12
FAUST dans la coulisse
O pauvre a_ban_don_
cresc.
sf
p
15
140
_né_e!
dim.
p
18 CHŒUR DE PAYSANS (agenouillés devant une croix champêtre)
SOP. et CONT.
p
Sanc
21
_ta Ma_ri_

24
- a,
o - - ra pro -
27
no - - - - - bis!
30
p
33
Sanc - - ta Mag - da - le - -
36
- - - na,
o - -

39
-ra pro - no - - - - - - -
42
141
FAUST dans la coulisse
Prends garde à ces enfants, à ces fem - mes pri-ant Au
-bis!
Hautb.
p
45
F.
pied de cette croix!
MÉPHIST.
Eh! qu'im - por - te! en avant!
Sanc - -
48
- ta Mar - ga - ri - - - - - -
cresc.
cresc. molto

Un éclair frappe la croix qui tombe renversée.
(cris d'effroi)
Les femmes et les enfants se dispersent épouvantés.
_ ta!
Ah!
Bois
Faust et Méphistophélès apparaissent galopant sur leurs chevaux.
f
Quat.
ff
p
Ped
La pluie tombe à torrent.
Htb.
mf
dim.
142
p
Fag.
cresc. molto
Fag. Trb.

65
Clar. Fag.
Trb. Ophicl.
sf
Trb.
67
FAUST
Dieux! un monstre hideux en hur -
sf
p
Clar. Fag.
69
F.
- lant nous poursuit..
MÉPHIST.
Tu rê - ves!
69
71
F.
Quel es - saim de grands oi - seaux de
Fl. Htb.
ff dim.
p

143
F.
nuit!
Hauth.
Pte Fl.
FAUST
Quels cris af _ freux!..
Ils me frappent de
cresc.
3.4. Cors
ff
F.
l'ai _ le!
Hie
Quat.
Trb.

81 MÉPHIST. (retenant son cheval)

Le glas des tré_pas_sés sonne dé_jà pour el_

pp

Fag. Cors

83 M. -le. As-tu peur? retour_nons!

rall poco a poco

cresc

Hautb.

f Quat.

85 *dim.* *p*

87 Ils s'arrêtent. 144 FAUST Récit

rit.

Non! je l'entends! cou_

Cors

pp *p* suivez

Cloches

90 Les chevaux redoublent de vitesse.

F. -rons!

Cors tempo I° un poco più animato

Htb

f Quat.

Timb.

92
94
MÉPHIST. (excitant son cheval)
Hop! Hop!
dim
Cl. et Bons
p
96
145
p
98
FAUST
Re - gar - - - de au - tour de
M.
Hop!
98

100
F.
nous cet_te ligne in_fi_ni_ _ _
102
F.
_e De sque_let_tes dan_
MÉPHIST.
Hop!
Cors
p cresc molto
104
F.
sant! A _vec quel rire hor_ _
ff

106
F.
-ri - ble ils sa-luent en pas-sant!
MÉPHIST.
Hop!
106
Cors
108
M.
pense à sau-ver sa vi - e Et ris-
108
110
M.
toi des morts!
Hop!
tr
110
3e Cor

112
M.
Hop!
1er Cor
les 4 Cors
146
FAUST (de plus en plus épouvanté et haletant)
114
Nos chevaux frémissent, Leurs crins se héris_sent, Ils brisent leurs
116
F.
mors. Je vois on_du_ler Devant nous la ter_re; J'en_
MÉPHIST.
Hop! Hop! Hop!
Timb.
118
_tends le tonner_re Sous nos pieds rou_ler.
Hop! Hop! Hop!
Hautb.
cresc poco a poco

120
F.
Il pleut du sang!...
(d'une voix tonnante)
M.
Co - hor - tes in - fer -
Fl.
120
122
M.
- na - les, Son - nez, son - nez vos
sempre cre - scen -
124
M
trom - pes tri - om - pha - les!
do
Trb.
126
FAUST
Horreur! Ah!
M.
Il est à nous! Je suis vainqueur!
pte Fl.
126
Ils tombent dans un gouffre.
f
ff

Scène XIX

L'Enfer

PANDŒMONIUM

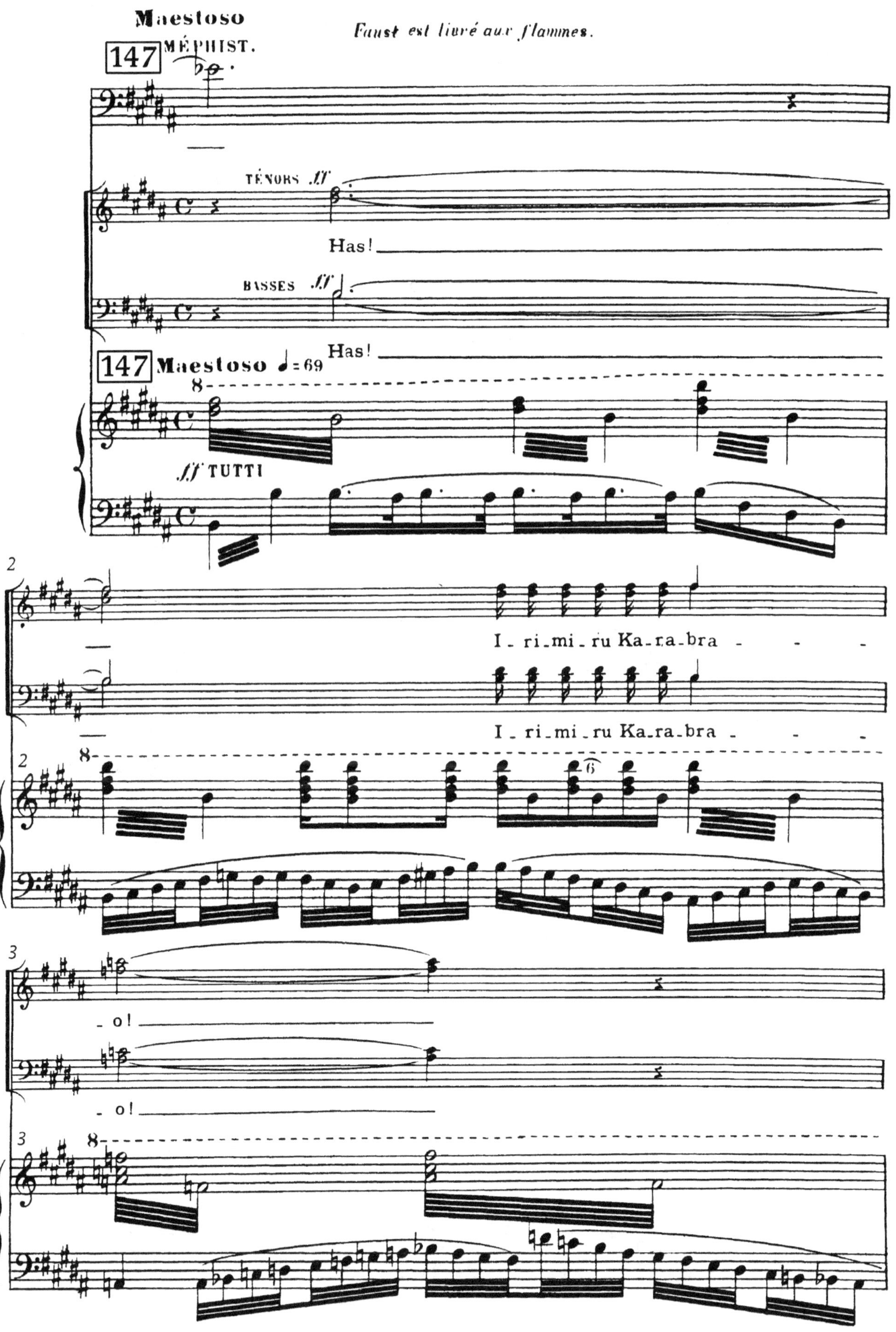

Has!
Has!
Has!
Has!
148
Has!
Has!
LES PRINCES DES TÉNÈBRES (6 I. Basses et 6 II. Basses)
De cette â_me si fiè_re
148
Fag. Trb.

12
A jamais es-tu maître et vainqueur, Méphis - to?
Clar.
Htb.
f
mf
Bes
15
MÉPHIST.
149
J'en suis maître à ja - mais.
8
Trb.
p
TUTTI
ff
6
17
LES PRINCES DES TÉNÈBRES
Faust a donc li - brement
8
Fag. Trb.
f
20
Signé l'ac - te fa - tal qui le livre à nos flam - mes?
Clar.
Htb.
f
mf

MÉPHIST.
150
Il signa libre - ment.
TUTTI
Trb.
ƒƒ
TÉNORS
Has! Has!
BASSES
Has! Has!
G.C.
G.C.
Les Démons portent Méphistophélès en triomphe.
All° vivace
ƒƒ
Tra - di oun ma - re - xil fir tru
Tra - di oun ma - re - xil fir tru
Tra - di oun ma - re - xil fir tru
Tra - di oun ma - re - xil fir tru
All° vivace 𝅗𝅥=108
Hie Cuiv.
TUTTI
ƒ
ƒƒ

33
din - xé bur - ru - di - xé. Fory my din - kor - litz,
din - xé bur - ru - di - xé. Fo - ry my din -
din - xé bur - ru - di - xé. Fo - ry my din -
din - xé bur - ru - di - xé. Fory my din - kor - litz,
33
3
Bie
37
fory my din - kor - litz, O mérika - ri - u! O mé - vi -
- kor - litz, fo - ry my din - kor - litz,
- kor - litz, fo - ry my din - kor - litz,
fory my din - kor - litz, O mérika - ri - u! O mé - vi -
37
8
TUTTI sans Cors
41
- xé! Méri - ka - ri - ba! O méri - ka - ri - u! o mi da -
fo - ry my din - kor - litz fo - ry
fo - ry my din - kor - litz fo - ry
- xé! Méri - ka - ri - ba! O méri - ka - ri - u! o mi da -
41
8
Cors

ra ca-ra-i-bo la-kin-da, me-ron-dor din-kor-litz,
my din-kor-litz, me-ron-dor din-kor-litz,
my din-kor-litz, me-ron-dor din-kor-litz,
ra ca-ra-i-bo la-kin-da, me-ron-dor din-kor-litz,
Bois Quat.
Cuivres
151
mé-rondor din-kor-litz, me-ron-dor. Tra-di-
mé-rondor din-kor-litz, me-ron-dor. Tra-di-
TUTTI
Bois Quat.
oun ma-re-xil, Tra-di-oun bur-ru-di-xe, Tru-din-
oun ma-re-xil, Tra-di-oun bur-ru-di-xe, Tru-din-
dim
poco a poco

_xe ca_ra_i _ bo.
_xe ca_ra_i _ bo. Fir o _ me vi_xe mé _ ron _ dor
8
Trp.
Oph.
p
Bes
Mit ays _ ko, mé _ ron _ dor, mit ays _ ko! oh!
Mit ays _ ko, mé _ ron _ dor, mit ays _ ko!
Quat.
f
Trb.
Oph.
p
Les Démons dansent autour de Méphistophélès.
Allº
ff
Diff!diff! mérondor, mérondor
oh!
Diff!diff! mérondor, mérondor
Bois
Allº 𝅗𝅥. = 72
TUTTI
Bois
ff
Pizz.

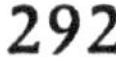

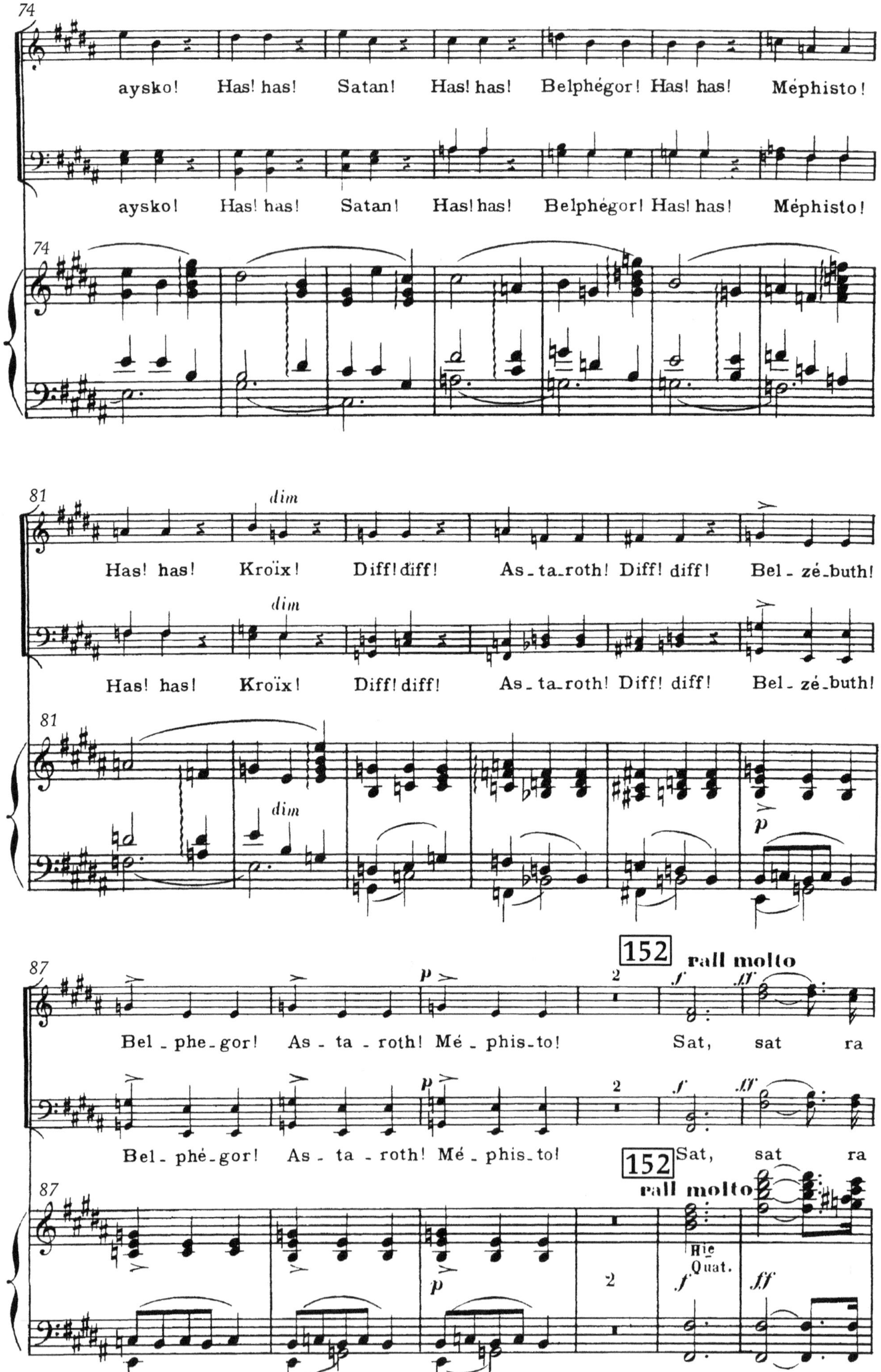
74
aysko! Has! has! Satan! Has! has! Belphégor! Has! has! Méphisto!
aysko! Has! has! Satan! Has! has! Belphégor! Has! has! Méphisto!
74
81
dim
Has! has! Kroïx! Diff! diff! As_ta_roth! Diff! diff! Bel_zé_buth!
dim
Has! has! Kroïx! Diff! diff! As_ta_roth! Diff! diff! Bel_zé_buth!
81
dim
p
87
152
rall molto
p
2
f
ff
Bel_phe_gor! As_ta_roth! Mé_phis_to! Sat, sat ra
p
2
f
ff
Bel_phé_gor! As_ta_roth! Mé_phis_to! Sat, sat ra
152
rall molto
87
2
Hie
Quat.
f
ff
p

94
Maestoso
-yk ir ki - mour.
-yk ir ki - mour.
Maestoso
ff TUTTI
96
All° vivace
Has! has! Mé-phis-to! Has! has! Mé-phis-
Has! has! Mé-phis-to! Has! has! Mé-phis-
All° vivace 𝅗𝅥=132
TUTTI
Bie
100
-to! Has! has! has! has! has!
-to! Has! has! has! has! has!

153
103
Maestoso
I-ri-mi-ru ka-ra - bra - - - o.
I-ri-mi-ru ka-ra - bra - - - o.
153
103
Maestoso
TUTTI
Tam-tam
8va bassa
107
Bie
G.C.
Trb.
108
TUTTI sf
Trb.
109
TUTTI
TUTTI sans Trp.
Bois
Quat.
sf
112
SIX BASSES SEULES
mf
A
Fag.
Quat.
p
pp
ppp

EPILOGUE

Sur la terre

Scène XX

Dans le ciel

Les Séraphins inclinés devant le Très-Haut

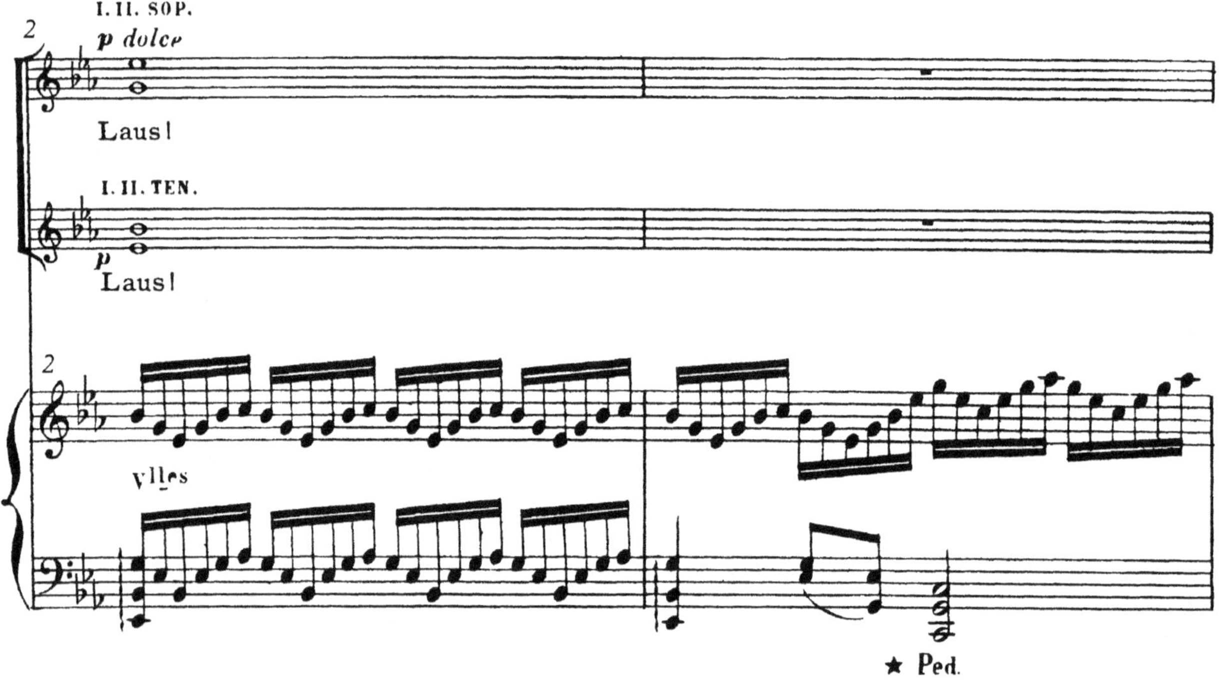

6

-san - - na! Ho - san - - na!

-san - - na! Ho - san - - na!

6

Ped.

8

154 Poco più animato

Elle a beau-coup ai-

154 Poco più animato

8

Bois

perdendosi

ppp

11

Tempo I

Des hauteurs du ciel.

SOPRANO SOLO (derrière la scène)

Mar - ga-ri - ta!

(Silence) murmures harmonieux

-me Seigneur!. Tempo I

8

11

Harpes

rit. pppp

Quat.

APOTHÉOSE DE MARGUERITE. CHŒUR D'ESPRITS CÉLESTES

24
-ra; Viens re - vê - tir ta beau -
-ra; Viens re - vê - tir ta beau -
-ra; Viens re - vê - tir ta beau -
Bes
27
-té pri - mi - ti - - ve Qu'une er - -
-té pri - mi - ti - - ve Qu'une er - -
-té pri - mi - ti - - ve Qu'une er - -
30
-reur al - - - té - ra.
-reur, une er - reur al - té - ra.
-reur al - - - té - ra.
Quat.

33
Viens ! les vier - ges di - vi - nes,
Viens ! les vier - ges di - vi - nes,
Viens ! les vier - ges di - vi - nes,
8
33
Quat.
155
36
Viens ! les vier - ges di - vi - nes, Tes
Viens ! les vier - ges di - vi - nes, Tes
I. TÉN.
Viens ! les vier - ges di - vi - nes, Tes
II. TÉN.
Viens ! les vier - ges di - vi - nes, Tes
CHŒUR D'ENFANTS
I. SOP.
Viens ! les vier - ges di - vi - nes, Tes
II. SOP.
Viens ! les vier - ges di - vi - nes, Tes
155
8
36
Quat.
Quat.
Quat.

39
sœurs, les Sé - ra - phi - - nes,
sœurs, les Sé - ra - phi - - nes,
sœurs, les Sé - ra - phi - - nes,
sœurs, les Sé - ra - phi - - nes,
sœurs, les Sé - ra - phi - - nes,
sœurs, les Sé - ra - phi - - nes,
8
Quat.
Quat.
Quat.
42
poco cresc.
Sau - ront ta - rir les
Sau - ront ta - rir les pleurs Que t'ar -
Sau - ront ta - rir les pleurs, les
Sau - ront ta - rir les
poco cresc.
Sau - ront ta - rir les
Sau - ront ta - rir les pleurs Que t'ar -
8
poco cresc.

45
f
pleurs Que t'ar - ra - chent en - cor les ter -
- ra - chent en - cor, en - cor les ter -
pleurs Que t'ar - ra - chent en - cor les ter -
pleurs Que t'ar - ra - chent en - cor les ter -
pleurs Que t'ar - ra - chent en - cor les ter -
- ra - chent en - cor, en - - cor les ter -
8
45
48
dim.
p
pp
- res - tres dou - leurs. Con - ser - ve l'es - pé -
- res - tres dou - leurs. Con - ser - ve
- res - tres dou - leurs.
- res - tres dou - leurs. Con -
- res - tres dou - leurs. Con - ser - ve l'es - pé -
- res - tres dou - leurs. Con - ser - ve
8
48

Z256991

51
-ran - - ce, Con - ser - ve l'es - pé - ran - - ce
l'es - pé-ran - ce, Con - ser - ve l'es - pé-ran -
Con - ser - ve l'es - pé-
-ser - - - ve l'es - pé - ran - - -
-ran - - ce, Con - ser - ve l'es - pé - ran - - ce
l'es - pé-ran - ce, Con - ser - ve l'es - pé-ran - -
8
51
Quat.
Quat.
54
Et sou - - ris, et sou - ris au bon-
- ce Et sou - ris, et sou - ris au bon-
-rance Et sou - ris, et sou - ris au bon-
- ce Et sou - ris, et sou - ris au bon-
Et sou - - ris, et sou - ris au bon-
- ce Et sou - ris, et sou - ris au bon-
8
54
Quat.

57
156
- heur! Viens, Mar - ga - ri - -
- heur! Viens, Mar - ga - ri - -
- heur! Viens, Mar - ga - ri - -
- heur! Viens, Mar - ga - ri - -
- heur! Viens, Mar - ga - ri - -
- heur! Viens, Mar - ga - ri - -
8
57
156
Quat.
Quat.
60
SOPRANO SOLO (derrière la scène)
Mar - ga - ri - - - - ta!
- ta! Viens, Mar - ga-
- ta! Viens, Mar - ga-
- ta! Viens, Mar - ga-
- ta! Viens, Mar - ga-
8
60
Quat.

63
Mar - ga - ri - - - -
- ri - - ta!
- ri - - ta!
- ri - - ta!
- ri - - ta!
8
63
Quat.
Quat.
66
- ta! Mar - ga - ri - - - - - - - -
ppp
Viens! Viens! Viens!
ppp
Viens! Viens! Viens!
I. II BASSES
ppp
Viens! Viens!
ppp
Viens! Viens! Viens!
ppp
Viens! Viens! Viens!
8
66
Quat.

69
tal
Viens!
Viens!
Viens!
Viens!
Viens!
Viens!
8
69
Quat.
Quat.
72
Viens!
Viens!
Viens!
Viens!
Viens!
8
perdendosi
72
Quat.
Quat.
Quat.

www.ingramcontent.com/pod-product-compliance
Lightning Source LLC
LaVergne TN
LVHW082354100826
845155LV00025B/157
* 9 7 8 1 9 3 2 4 1 9 9 6 2 *